Standort

Seite 5

Zimmerpflanzen-Pflege beginnt mit der Wahl des richtigen Standorts. Hier erfahren Sie, worauf es ankommt, damit Licht-, Luft- und Temperaturverhältnisse stimmen – und wie Sie ohne Gift Abhilfe schaffen, wenn sich dennoch Schädlinge und Krankheiten einschleichen.

Gießen

Seite 25

Alles Gute kommt von oben – für Pflanzen in Form von Wasser und Luftfeuchtigkeit. Richtig gießen heißt, verstehen, was Wasser für Pflanzen bedeutet. Kaum eine von ihnen liebt regelrechtes Überfluten, anhaltende Staunässe oder gar hartes, kaltes Leitungswasser.

Düngen

Seite 37

Menüs für Ihre Zimmerpflanzen! Die meisten Dünger sind Mehrstoff-Präparate mit fast allen Nährstoffen, die Pflanzen brauchen. Aber die Bedürfnisse sind verschieden und das Angebot kaum zu übersehen. Hier die nötigen Orientierungshilfen zu Auswahl und Anwendung.

Umtopfen

Seite 45

Gesunde Füße muß jede Zimmerpflanze haben, die prächtig gedeihen soll. Da gibt es viel zu wissen über Erde, Substrate und Pflanzgefäße sowie die Praxis des Umtopfens. Daneben das wichtigste über Umtopfen in Hydrokultur und neue alternative Ton-Substrate.

Pannenhilfe

Wer schnell handelt, kann noch so manche Pflanze retten. Viele Pflegefehler tun sich durch deutliche Schadbilder kund und lassen sich auffangen oder beheben.

Seite 64

Ein Wort zuvor

Zimmerpflanzen stehen so hoch im Kurs wie nie. Kein Wunder – zaubern sie doch in die nüchternsten vier Wände ein Stück lebendiges Grün, einen Hauch von Farbe, Duft und Exotik. Jeder will sie haben, viele können nicht genug davon kriegen – aber nur die wenigsten wissen, was Zimmerpflanzen an lebensnotwendiger Pflege brauchen. Kurz entschlossen gekauft, büßen viele zuerst die Schönheit, dann ihr Leben ein. Hilfe tut Not – hier ist sie! Der GU Pflanzen-Ratgeber, der die Zimmerpflanzen-Pflege auf den Punkt bring: Konkret, knapp und praxisorientiert. Der Leitfaden für den schnellen und dauerhaften Erfolg, für Anfänger und Fortgeschrittene – sei's daheim oder im Büro. Einfach aufschlagen und nachmachen!

Dieser GU Ratgeber vermittelt, was Zimmerpflanzen zum Grünen und Blühen wirklich brauchen: einen richtigen Standort im Zimmer, maßgeschneidertes Gießen und Düngen sowie Umtopfen zum richtigen Zeitpunkt. Schritt-für-Schritt-Zeichnungen veranschaulichen, wie's gemacht wird. Dazu Tabellen der 100 beliebtesten Blüten- und Grünpflanzen mit individuellen Pflegetips. Brillante Farbfotos machen Lust auf die Pflanzenpflege.

Viel Freude an Ihren Zimmerpflanzen wünschen die Autorin und die GU Naturbuch-Redaktion

Wochenend-Versorgung statt Gießen! Baumwolldochte leiten die Feuchtigkeit in Töpfe.

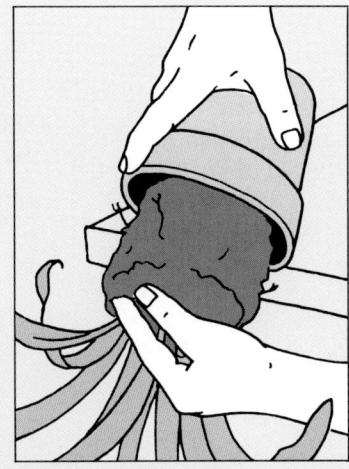

Austopf-Tip: Gefäß gestürzt gegen die Tischkante klopfen, das löst die Wurzeln.

Die Autorin

Gisela Keil, Studium der Pädagogik und Psychologie, Zweitstudium Germanistik, Anglistik und Vergleichende Literaturwissenschaft. Die langjährige Redakteurin und Autorin von Pflanzen- und Gartenbüchern, ist seit über 20 Jahren begeisterte Zimmergärtnerin. Daneben widmet sie sich mit Leidenschaft ihrem naturgemäß gepflegten Garten und dem biologischen Gärtnern schlechthin.

Die Fotografen

Ulrike Schneiders, Ausbildung zur Fotografin an der bayerischen Staatslehranstalt für Fotografie sowie bei Vater und Altmeister Toni Schneiders. Seit 1978 für renommierte Kalender- und Kunstverlage tätig. Schwerpunkte: Blumen, Landschaften, Stilleben. Die Mehrzahl der Gestaltungsfotos in diesem Ratgeber stammen von ihr. Daneben weitere Fotos von bekannten Pflanzenfotografen (→ Nachweis, Seite 63).

Der Zeichner

György Jankovics, nach Kunstgymnasium und Kunstakademie in Budapest, Besuch der Kunstakademie in Hamburg. Zusätzliche Ausbildung als Grafiker, anschließend für zahlreiche renommierte Verlage tätig. Langjähriger Zeichner von hervorragenden Tier- und Pflanzenmotiven in erfolgreichen Titeln des GU Naturbuch-Verlags.

Wichtig: Damit Ihre Freude an Zimmerpflanzen nicht getrübt wird, beachten Sie bitte die »Wichtigen Hinweise« auf Seite 63.

So unterschiedlich wie ihr Erscheinungs-
bild sind auch die Pflegewünsche unserer
Zimmerpflanzen. Doch Licht, Temperatur
und Luftfeuchtigkeit im Zimmer lassen
sich messen und – wenn nötig – an die
individuellen Pflanzenbedürnisse anpassen.

Standort

Das Geheimnis allen Erfolgs mit Pflanzen beginnt mit der Wahl des richtigen Standorts. Suchen Sie Ihrer Zimmerpflanze also ein Plätzchen, an dem sie Licht-, Luft- und Temperaturverhältnisse wie an ihrem Heimat-Standort erhält. Dann wird die restliche Pflege zum Kinderspiel!

Was sind Zimmerpflanzen?

Die Natur hat sich Zimmerpflanzen nicht ausgedacht, denn in ihr gibt es keine geschlossenen Räume, in denen prächtige Pflanzen wachsen. Es war vielmehr der Mensch, der diese Gewächse schon vor Tausenden von Jahren in seinen Wohnbereich holte. Worin besteht der Reiz dieser Pflanzen?

- Zimmerpflanzen stammen überwiegend aus tropischen oder subtropischen Regionen.
- Sie sind meist nicht frosthart und können bei uns im Freien nicht überleben.
- Sie sind deshalb auf eine Kultur in Gefäßen und Räumen angewiesen.
- Sie bezaubern durch die fremdländische Schönheit ihrer Blätter und Blüten oder durch ihren Wuchs.
- Fast alle sind rund ums Jahr grün.
- Viele Zimmerpflanzen sind keine reinen Arten mehr, wie sie in der Natur vorkommen, sondern züchterisch behandelt. Dabei stehen meist die folgenden Ziele im Vordergrund: Längere Blütezeit, größere, farbintensivere, andersfarbige oder gefüllte Blüten, bessere Zimmertauglichkeit und geringere Anfälligkeit für Krankheiten und Schädlinge.

Meister der Anpassung

Wie alle Pflanzen haben sich auch die von uns im Zimmer gehaltenen Pflanzen über Jahrmillionen auf bestimmte Standorte spezialisiert und eine Vielfalt an Lebensformen und -möglichkeiten »erfunden«. Sie haben sich dabei so sehr an ihren Heimat-Standort angepaßt, daß diese Eigenheiten nun genetisch zu ihrem Lebensprogramm gehören. Zu den prägenden Standort-Bedingungen zählt vor allem, wann und in welcher Dosierung sie dort Licht, Wärme oder Kühle, Wasser, Feuchtigkeit und Nährstoffe erhalten (→ Wachstumsfaktoren, Seite 16 ff.).

Aussehen und Wuchsform. Die ganze Gestalt jeder Pflanze, sei's Form und Größe ihrer Blätter, sei's der Bau ihrer Blüten und Wurzeln oder ein aufrechter, kletternder, kriechender oder hängender Wuchs – in allen Details haben sich Pflanzen an ihre Standort-Bedingungen angepaßt, mit dem Ziel, optimal zu überleben und sich zu vermehren.

Wachstumsrhythmus. Auch er entstand durch Anpassung vieler Pflanzen ans heimatliche Klima. Die meisten Arten setzen keine Blüten an, wenn sie ihre unterschiedlichen Phasen von Wachsen und Ruhen nicht erhalten.

- Vegetationsperioden liegen in Zeiten mit warmen Temperaturen, viel Licht und Feuchtigkeit. In dieser Zeit treiben die Pflanzen aus, wachsen und setzen Blüten an.
- Ruheperioden fallen in Zeiten der Trockenheit oder in kühle, lichtärmere Phasen. Jetzt stagniert das Wachstum. Bei Zwiebel- und Knollenpflanzen werden die Blätter gelb, die Pflanzen ziehen sich vorübergehend in ihre Speicherorgane zurück.

Mein Tip: Die meisten Zimmerpflanzen haben ihre Ruhezeit auch bei uns im Winter, ebenso wie die heimischen Gewächse.

Wo dies nicht so ist, müssen die individuellen Wünsche der Pflanzen beachtet werden, das heißt: Kühler, schattiger Stand, wenig Wasser, kein Dünger – und das zur rechten Zeit! Pflanzen aus dem tropischen Regenwald haben von Haus aus keine Ruheperioden. Sie sind aber in unseren lichtarmen Wintern zwangsweise Ruheperioden ausgesetzt. Geben Sie ihnen dann einen möglichst hellen Platz und gießen Sie sie sehr behutsam.

Auf die Herkunft kommt es an

Tropische Pflanzen kommen aus recht unterschiedlichen Klimazonen:

- Regenwald-Pflanzen (wie Frauenhaarfarn, *Adiantum tenerum*) sind an starke Regenfälle ohne Trockenzeiten, hohe Luftfeuchte und nächtliche Abkühlung gewöhnt. Sie vertragen also im Zimmer weder volle Sonne noch trockene Luft und brauchen keine Ruhezeiten.
- Pflanzen aus Savanne und Steppe (wie Pentas, *Pentas lanceolata*) sind auf den Wechsel von Regen- und Trockenzeiten eingespielt. Sie benötigen eine Ruheperiode, die der natürlichen Trockenzeit entspricht.
- Pflanzen des tropischen Bergwalds (wie Kamelien, *Camellia*) leben in intensivem Licht bei viel Regen, Nebel und Kühle. Tropische Gebirgspflanzen benötigen daher auch im Zimmer sowohl hohe Lichtintensität als auch Luftfeuchte und Kühle.
- Pflanzen aus Wüstenregionen wie Kakteen ertragen jede Menge Sonne, hohe Temperaturen und Trockenheit. Sie brauchen auch im Zimmer das ganze Jahr über viel Licht. Im Winter ist unbedingt Kühle und Trockenheit einzuhalten, sonst setzen Kakteen keine Blüten an.

Subtropische Pflanzen sind an heiße Sommer und milde Winter angepaßt. Vertreter aus Sommer-Regengebieten müssen im Winter eine Ruheperiode einhalten sowie kühl und trocken stehen. Pflanzen aus Winter-Regengebieten wollen auch im Winter bei Licht und Wärme gegossen werden.

Organismus Pflanze

Die Wurzeln sorgen für die nötige Wasser- und Nährstoffzufuhr und verankern die Pflanze fest im Boden. Viele Wurzeln können auch von der Pflanze produzierte Stärke speichern oder in verdickten Organen wie Rhizomen, Knollen oder Zwiebeln bis zum Bedarf aufbewahren.

Die Sprosse oder Triebe können je nach Pflanze krautig-grün oder braun-verholzt sein. In ihnen befinden sich Leitungsbahnen, deren Aufgabe es vor allem ist, Wasser und Nährstoffe von den Wurzeln in die Blätter der Pflanze zu leiten.

Die Blätter entsprechen der Lunge und den Verdauungsorganen des Menschen. In ihnen findet der wesentliche Teil der Atmung, die Photosynthese und die Nährstoffumsetzung statt (→ Zeichnungen, rechts).

Die Blüten sind für die Pflanze nur ein Durchgangsstadium, das ihre Geschlechtsreife ankündigt.

Pflanzenpflege

Zimmerpflanzen lassen sich in zwei Gruppen einteilen: Blütenpflanzen, die primär wegen ihrer Blüten geliebt werden und Grünpflanzen mit attraktivem Laub. Wie die Pflanzen beider Gruppen gepflegt werden, erfahren Sie auf den folgenden Seiten.

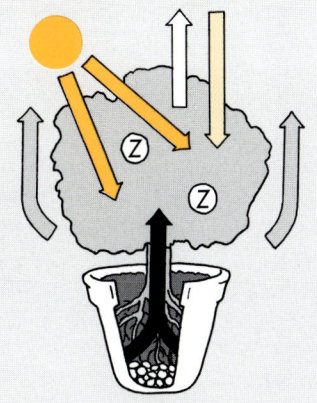

So leben Pflanzen bei Tag

1. Photosynthese. Sie ist nur möglich aufgrund des in den Blättern eingelagerten Farbstoffes Chlorophyll. Unter Einwirkung von Sonnenlicht nimmt die Pflanze das Kohlendioxid (CO_2) der Luft auf und verarbeitet es mit dem Wasser zu Kohlenhydraten (Zucker). Dabei gibt sie Sauerstoff (O_2) an die Umgebung ab.

2. Assimilation. Die Kohlenhydrate werden zusammen mit den Nährstoffen zu weiteren Pflanzenbausteinen umgewandelt und dann zu den Wachstumszonen (das sind meist die äußersten Enden der Pflanze) geleitet oder in Vorratsorganen gespeichert.

3. Atmung, → rechte Spalte. Atmung und Photosynthese laufen tagsüber gleichzeitig ab.

4. Transpiration, → rechte Spalte. Unter Sonnenlicht und -wärme verdunsten Pflanzen tagsüber mehr Feuchtigkeit (H_2O) als nachts.

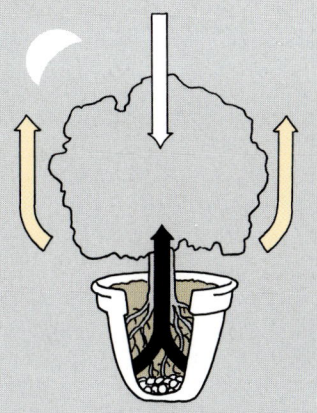

So leben Pflanzen bei Nacht

1. Atmung. Die Blätter nehmen mit Hilfe ihrer Poren Sauerstoff (O_2) aus der Luft auf und geben Kohlendioxid (CO_2) ab. Dabei werden die tagsüber aufgebauten Kohlenhydrate teilweise wieder abgebaut.

2. Transpiration. Wie alle Lebewesen schwitzen auch Pflanzen bei steigenden Temperaturen. Sie geben über ihre Blätter Feuchtigkeit ab. So entsteht ein Feuchte-Defizit und ein Sog von unten nach oben. Dadurch können die Wurzeln das notwendige Wasser aufnehmen. Wird mehr verdunstet als die Wurzeln nachliefern können, welkt die Pflanze.

Ein weiterer Vorteil: Durch das Schwitzen wird die Oberfläche der Blätter gekühlt.

In der Nacht bei tieferen Temperaturen transpirieren Pflanzen nur wenig. Bei kühlem, trübem Wetter muß deshalb sparsamer gegossen werden.

Anfängerorchidee: Phalaenopsis

Die Blüte – eine Episode

Blütenpflanzen sind die beliebtesten Zimmerpflanzen und das, obwohl sie ihre Blüten immer nur für eine kurze Zeit zeigen. Mit dem Ansetzen der Knospen werden sie geschlechtsreif. All ihr Streben heißt nun Befruchtetwerden, um Früchte auszubilden und Samen weiterzugeben. Bei diesem Vorgang investieren Pflanzen außerordentlich viel Kraft.

Mein Tip: Um Blütenpflanzen möglichst lange zu erhalten, sollten Sie Verblühtes sofort abschneiden. So verliert die Pflanze nicht unnötig Kraft.

Blütezeit

Wer will, kann sich rund ums Jahr mit blühenden Zimmerpflanzen umgeben – aber das ist natürlich nur mit Arten möglich, von denen jede zu einer etwas anderen Zeit blüht.

So unterschiedlich wie die Blütezeit kann auch die Blütendauer sein. Es gibt Pflanzen, deren Einzelblüten nur einen Tag erscheinen, andere halten wochenlang.

Zwiebelpflanze: Amaryllis

Kleiner Star: Usambaraveilchen

Orchideen

Sie setzen meist nur Blüten an, wenn die Pflege ihrem Wachstumsrhythmus angepaßt ist.
Spätwinter/Frühjahr: Licht- und Wassermengen erhöhen, Beginn der Wachstumsphase.
Frühsommer/ Sommer: Regelmäßig gießen und düngen, Wachstumszeit.
Spätsommer/Herbst: Nachts Temperaturen um mindestens 4 bis 6 °C senken, weniger gießen, aber volles Licht. Zeit des Knospenansatzes.
Herbst/Winter: Ruhe- und Blütezeit. Mehr Licht, aber sparsam gießen.

Auch für Ampeln: Osterkaktus

Kakteen

Sie bestehen aus zwei Gruppen mit verschiedenen Ansprüchen:
Wüstenkakteen, (→ Foto, Seite 41), die ganzjährig sehr hell stehen wollen.
• Im Sommer volle Sonne, frische Luft, reichlich gießen sowie schwach dosiert und stickstoffarm düngen.
• Im Herbst hell ohne Sonne bei 5 bis 12 °C halten, unter 10 °C nicht mehr gießen.
• Im Frühjahr behutsam zu gießen beginnen.
Ausnahmen: Die wärmeliebenden Disco- und Melokakteen, die in beheizten Wohnräumen überwintern können.

Bromelie: Lanzenrosette

Trotz filigraner Blüten ist die Blaue Passionsblume (Passiflora caerulea) recht robust und bildet in einem Jahr meterlange Triebe. Überwintert wird sie wie eine Kübelpflanze: hell und kühl.

AUF EINEN BLICK

Name	Blütezeit	Licht	Gießen	Luftfeuchte	Düngen	Weitere Pflegetips
• Adenium ☠ Wüstenrose	IV – VIII	☀	💧	—	14-tägig: III – VIII Kakteendünger	Erd-, Hydrokultur; Ü: um 15 °C, kühl, trocken.
Aechmea Lanzenrosette (Bromelie)	V – X einmalblühend!	○	💧	⌇	14-tägig: III – VIII	Erd-, Hydrokultur, manche auch epiphytisch; Ü: 18 – 25 °C.
Aeschynanthus Schamblume	V – VIII	○	💧	⌇	14-tägig: III – VIII niedrig dosiert	Erd-, Hydrokultur; Ampelpflanze; Ü: 20 – 25 °C (4 Wochen lang um 15 °C).
Anthurium-Scherzerianum-Hybriden Flamingoblume	ganz-jährig	○	💧	⌇	wö: III – IX niedrig dosiert	Erd-, Hydrokultur; Ü: 20 – 25 °C, hell, luftfeucht.
Aphelandra squarrosa Glanzkölbchen	VI – X	○	💧	⌇	14-tägig: III – VIII	Erd-, Hydrokultur; Ü: 20 – 26 °C.
• Begonia-Elatior-Hybriden Blütenbegonie	ganz-jährig	○	💧	—	14-tägig:	einjährig! Ü: 18 – 24 °C.
Brunfelsia ☠ Brunfelsie	I – VIII	○–◐	💧	⌇	14-tägig: III – IX	Erd-, Hydrokultur; Ü: XI – I bei 10 – 12 °C.
• Cactaceae Gattungen/Arten von Wüstenkakteen	III – IX	☀ ○	💧	—	14-tägig: IV – X VII	Mineralisches Substrat, Kakteendünger Ü: 5 – 10 °C, hell, trocken.
Camellia Kamelie	X – III	○	💧	⌇	14-tägig: IV – VII Azaleendünger	Erdkultur; Ü: 6 – 10 °C, hell, luftig.
Catharanthus roseus ☠ Madagaskar-Immergrün	V – X	○	💧	—	14-tägig: III – VIII	Erdkultur; Ü: um 15 °C, hell.
• Chrysanthemum-Indicum-Hybriden Topfchrysantheme	ganz-jährig	○	💧	—	wö: III – X	Erdkultur; ganzjährig nicht über 18 °C.
Clerodendrum Losbaum	III – X	○	💧	⌇	wö: III – VIII	Erd-, Hydrokultur; Ampelpflanze; Ü: XII – II bei 12 °C, hell; dann wärmer.
Clivia miniata ☠ Klivie	II – V	○	💧		14-tägig: III – VII	Erd-, Hydrokultur; Ü: X – II bei 8 – 10 °C, fast trocken.
Columnea Kolumnee	artab-hängig	○–◐	💧	⌇	wö: III – VIII niedrig dosiert	Erd-, Hydrokultur; Ampelpflanze; Ü: 30 – 40 Tage bei 15 °C fördert Blüte.
Cyclamen persicum Alpenveilchen	IX – IV	○–◐	💧	—	vor und während der Blüte: wö	Erdkultur; Ü: 15 °C, luftig.
Cymbidium Miniatur-Cymbidie	IX – II	☀ ○	💧	⌇	4-wö. III – IX Orchideendünger	Orchideen-Substrat; V – VI tags warm, nachts 16 °C. Ü: tags 20 °C, nachts 16 °C.
Dipladenia ☠ Dipladenie	V – X	○	💧	⌇	wö: III – VIII	Erdkultur; Kletterpflanze; Ü: 15 – 24 °C, hell, luftfeucht.
Epiphyllum-Hybriden Blattkakteen	V – VII	○–◐	💧	⌇	14-tägig: III – VIII Kakteendünger	Erdkultur; auch für Ampeln; Ü: 12 – 15 °C, trockener.
• Euphorbia milii ☠ Christusdorn	X – III	☀ ○	💧	—	14-tägig: III – VIII Kakteendünger	Erd-, Hydrokultur; Ü: 15 – 24 °C, hell.
Euphorbia pulcherrima Weihnachtsstern	XI – II	○	💧	—	wö: VI – X	Erd-, Hydrokultur; Ü: bis 20 °C.
• Exacum affine Blaues Lieschen	VII – IX	○	💧	—	14-tägig: V – VIII	einjährige Zimmerkultur!
Gardenia Gardenie	VII – X	○	💧	⌇	wö: III – VIII niedrig dosiert	Erd-, Hydrokultur; Ü: 15 – 18 °C, hell, luftfeucht.
Hibiscus rosa-sinensis Hibiskus	III – X	☀ ○	💧	⌇	wö: III – VIII	Erd-, Hydrokultur; Ü: um 15 °C, hell, luftfeucht.
Hippeastrum-Hybriden ☠ Amaryllis	I – IV	○	💧	—	wö: III – VIII	ab VIII kaum gießen; bis XII bei 15 °C. ohne Laub; Zwiebel eintopfen, warm, hell.

Die Symbole: • Pflanze ist pflegeleicht, für Anfänger und Büro geeignet. ☠ Warnung: Pflanze oder Pflanzenteile sind giftig.

Licht: ☀ = vollsonnig, Südfenster; ○ = hell, Ost-, Westfenster; ◐ = halbschattig, Nordfenster; ● = schattig, kleine Nordfenster.

Name	Blütezeit	Licht	Gießen	Luftfeuchte	Düngen	Weitere Pflegetips
Hoya Wachsblume	V – X			–	14-tägig: III – VIII niedrig dosiert	Erd-, Hydrokultur; Ampel-, Kletterpflanze; Ü: 15 – 18 °C, hell.
Hydrangea macrophylla Topfhortensie	III – VII			–	14-tägig: V – VIII Azaleendünger	Erdkultur; Ü: 4 – 8 °C, dunkel, Laubfall.
Hypocyrta Kußmäulchen	VIII – III			–	14-tägig: III – VIII	Erdkultur; Ampelpflanze; Ü: 12 – 15 °C, fast trocken.
Impatiens Fleißiges Lieschen	fast ganz-jährig			–	wö: III – IX	Erd-, Hydrokultur; auch für Ampeln; Ü: 18 – 25 °C, hell.
Jasminum Jasmin	VI – IX				14-tägig: V – VIII	Erdkultur; Kletterpflanze; Ü: unter 10 °C, hell.
Kalanchoe blossfeldiana Flammendes Käthchen	II – V			–	4-wö: III – VIII Kakteendünger	Erd-, Hydrokultur; Ü: 16 – 25 °C, hell.
Kalanchoe manginii Madagaskar-Glöckchen	II – III			–	4-wö: III – VIII Kakteendünger	Erdkultur; Ampelpflanze; Ü: 10 – 14 °C, trockener.
Medinilla magnifica Medinille	IV – VII			Luftfeuchte	wö: III – VIII	Erdkultur; Ü: 2 Monate lang um 16 °C, sonst immer über 20 °C!, feuchtwarm.
Miltonia, Miltoniopsis Stiefmütterchen-Orchidee	VI – XI			Luftfeuchte	3-wö: III – VII Orchideendünger	Orchideensubstrat; Ü: tags um 20 °C, nachts 15 – 18 °C, luftfeucht.
Paphiopedilum-Hybriden Frauenschuh	sorten-abhängig			Luftfeuchte	3-wö: IV – IX Orchideendünger	Orchideensubstrat; IX: 2 – 3 Wochen nachts kühl, tags sonnig, Ü: 20 – 24 °C.
Passiflora Passionsblume	VI – IX			Luftfeuchte	wö: III – VIII	Erd-, Hydrokultur; Kletterpflanze; Ü: um 15 °C, hell, luftig.
Pelargonium-Grandiflorum-Hybriden Edelpelargonie	ganz-jährig			–	wö: III – VIII	Erdkultur; Ü: 10 – 15 °C, luftig.
Pentas lanceolata Pentas	IX – I			–	14-tägig: III – VIII niedrig dosiert	Erdkultur; Ü: 12 – 15 °C.
Phalaenopsis-Hybriden Nachtfalter-Orchidee	ganz-jährig			Luftfeuchte	14-tägig: V – VIII Orchideendünger	Erd-, Hydrokultur; Ü: tags 20 – 24 °C, nachts kühler; Herbst 4 – 6 Wochen 16 °C.
Rhipsalidopsis-Hybriden Osterkaktus	III – V			Luftfeuchte	4-wö: V – VIII Kakteendünger	Erdkultur; auch für Ampeln; Ü: 8 Wochen 10 °C, sonst 18 – 25 °C.
Rhododendron Zimmer-Azalee	XI – IV			Luftfeuchte	14-tägig: V – VIII Azaleendünger	Erdkultur; Ü: ab X um 5 – 10 °C; Knospen zeigen sich um 18 °C.
Saintpaulia-Ionantha-Hybriden Usambaraveilchen	ganz-jährig			–	wö: III – VIII niedrig dosiert	Erd-, Hydrokultur; Ü: 18 – 25 °C, hell, luftfeucht.
Schlumbergera-Hybriden Weihnachtskaktus	XII – III			Luftfeuchte	14-tägig: III – VIII Kakteendünger	Erdkultur; auch für Ampeln; Ü: 18 – 22 °C, hell.
Senecio-Cruentus-Hybriden Cinerarie	III – IV			Luftfeuchte	wö: II – IV	einjährige Zimmerkultur.
Sinningia-Hybriden Gloxinie	III – VIII			Luftfeuchte	wö: III – VIII	Nach Verblühen Blätter einziehen lassen. Knollen trocken bei 15 °C überwintern.
Stephanotis floribunda Kranzschlinge	VI – IX			Luftfeuchte	wö: III – VIII	Erd-, Hydrokultur; Kletterpflanze; Ü: 12 – 14 °C, nach Knospenansatz wärmer.
Streptocarpus Drehfrucht	V – IX			Luftfeuchte	14-tägig: III – VIII	Erd-, Hydrokultur; Ü: 18 – 24 °C, hell, luftfeucht.
Tillandsia Tillandsie	art-abhängig			Luftfeuchte	14-tägig: V – VIII niedrig dosiert	auf Äste aufgebunden, epiphytisch; Ü: graue Arten 10 – 15 °C, grüne 20 – 26 °C.
Zantedeschia Zimmerkalla	III – VII			–	wö: VIII – Blüte	Erd-, Hydrokultur; nach Blüte 2 Mo. völlig trockenhalten. Neu eintopfen, mehr gießen.

Gießen: = viel gießen; = mäßig gießen, die Pflanze gleichmäßig feucht halten; = wenig gießen, Substrat auch abtrocknen lassen.

Luftfeuchte: = mittlere oder hohe Luftfeuchte. – Römische Ziffern = Monate. – Ü = Überwinterung.

Ihre prachtvollen Blätter zeigen Kaladien (Caladium-Hybriden) nur vom Sommer bis zum Herbst. Dann ziehen sie sich in ihre Knollen zurück, um erst im nächsten Frühsommer wieder ihren hinreißenden Blattschmuck zu entfalten.

Immer anders: Buntnesseln

Grün heißt Vielfalt
Grünpflanzen stammen aus aller Herren Länder. Es finden sich die unterschiedlichsten Pflanzenfamilien zusammen: krautige Stauden, holzige Sträucher und richtige, durch die Gefäßkultur verhinder-

Grün in grün: Korbmarante

te Bäume. Es gibt aufrecht wachsende, kriechende, kletternde und hängende Arten mit großen und kleinen, weichen und derben, einfarbigen und gemusterten Blättern. Kein Wunder, daß diese Individualität in höchst unterschiedliche Pflegewünsche mündet. Viele davon lassen sich an ihren Blättern ablesen.

Was Blätter verraten

<u>Fleischige Blätter</u> signalisieren meist, daß die Pflanze Wasser speichern kann und deshalb volle Sonne und vorübergehend Trockenheit erträgt. <u>Panaschierte Blätter</u> (weiß- oder gelb-gemustertes Laub) besitzen weniger Chlorophyll als die

grünen Arten und müssen deshalb heller (aber nie sonnig!) stehen. <u>Große, weiche Blätter</u> dürfen nie volle Sonne erhalten, sonst verdunsten sie zu viel Wasser. Sie brauchen meist eine hohe Luftfeuchte. <u>Ledrig-derbe Blätter</u> sind das Kennzeichen von Pflanzen, die viel Licht (aber keine Sonne) und einen kurzfristigen Wassermangel vertragen.

Panaschierte Blätter: Efeutute

Rippenfarn: dekorative Wedel

Zimmerfarne

Sie zählen zu den ältesten Pflanzen der Welt und vermehren sich nicht durch Blüten, sondern durch Sporen. Fast alle Zimmerfarne sind tropische Waldbewohner mit immergrünen Wedeln und ähnlichen Pflegewünschen:
• Keine grelle Sonne!
• Bodenwärme, auf keinen Fall kalte Zugluft.
• Hohe Luftfeuchte. Deshalb gedeihen die meisten Farne nicht in der trockenen Luft beheizter Räume.
• Weiches, temperiertes Gießwasser.
• Gleichmäßige Feuchte des Substrats.
• Keine Staunässe.

Ausladende Washingtonie

Palmen

Diese Blattschönheiten wachsen meist sehr langsam. Man unterscheidet Fiederpalmen mit tief geschlitzten Wedeln, wie die Bergpalme (*Chamaedorea elegans*), und Fächerpalmen mit eher runden Blättern wie die Washingtonie (*Washingtonia*-Arten).
Ihre Pflegewünsche:
• Sehr heller Stand, aber nie volle Sonne.
• Luftfeuchte, bei trockener Luft werden die Spitzen braun.
• Mäßig feuchtes Substrat, aber keine Staunässe. Nie auf das »Herz« der Palme gießen, es fault leicht.
• Beim Umtopfen hohe, schmale Töpfe nehmen.

13

Name	Licht	Gießen	Luftfeuchte	Düngen	Weitere Pflegehinweise
Adiantum Frauenhaarfarn	○–◐	💧	🌫	14-tägig: III – IXV niedrig dosiert	Erd-, Hydrokultur; Ü: Wie im Sommer, nie unter 18 °C.
• *Aeonium* Rosetten-Dickblatt (Sukkulente)	☼	💧		14-tägig: V – VIII Kakteendünger	Erdkultur; Ü: fast trocken, 10 – 16 °C.
Ananas Zierananas (Bromelie)	☼–○	💧		14-tägig: V – VIII	Erd-, Hydrokultur; weiches Gießwasser! Ü: 18 – 25 °C.
Araucaria heterophylla Zimmertanne	○	💧	🌫	14-tägig: III–VIII niedrig dosiert	Erd-, Hydrokultur; weiches Gießwasser! Ü: 5 – 15 °C, etwas trockener.
• *Asparagus* ☠ Zierspargel	○	💧		wö: III – VIII	Erd-, Hydrokultur; Ü: nie unter 12 °C, trocken.
• *Aspidistra elatior* Schusterpalme	○–●	💧		14-tägig: III – VIII	Erd-, Hydrokultur; Ü: nie unter 10 °C, etwas trockener.
Asplenium nidus Nestfarn	○–◐	💧	🌫	14-tägig: III – IX	Erd-, Hydrokultur, auch epiphytisch; Ü: 16 – 25 °C; weiches Gießwasser!
Begonia Blattbegonie	○	💧	🌫	14-tägig: III – IX	Erd-, Hydrokultur; weiches Gießwasser! Ü: 16 – 25 °C.
Caladium Buntblatt	○–◐	💧	🌫	wö: III – VII	Erd-, Hydrokultur; Ü: Knollen trocken bei 18 °C.
Calathea Korbmarante	○–◐	💧	🌫	14-tägig: III – VIII	Erd-, Hydrokultur; Ü: 16 – 22 °C.
• *Chlorophytum comosum* Grünlilie	○–◐	💧	🌫	wö: III – VIII	Erd-, Hydrokultur, auch Ampelpflanze; Ü: 10 – 22 °C.
• *Cissus* Känguruhwein	○–◐	💧		wö: III – VIII	Erd-, Hydrokultur, Kletter-, Ampelpflanze; Ü: 16 – 24 °C.
Cocos nucifera Kokospalme	○	💧	🌫	wö: IV – IX niedrig dosiert	Erd-, Hydrokultur; Ü: 18 – 24 °C.
Codiaeum ☠ Kroton	○	💧	🌫	wö: III – VIII niedrig dosiert	Erd-, Hydokultur; Ü: 16 – 24 °C.
• *Coleus-Blumei-Hybriden* Buntnessel	☼	💧		14-tägig: III – VIII	Erd-, und Hydrokultur Ü: 13 – 24 °C.
Cordyline fruticosa Keulenlilie	○	💧	🌫	14-tägig: III – VIII	Erd-, Hydrokultur, Ü: 16 – 24 °C.
• *Crassula arborescens* Dickblatt (Sukkulente)	☼–○	💧		4-wö: V – VIII	Erd-, Hydrokultur; Ü: Um 10 °C, trocken.
• *Cyperus* Zypergras	○	💧	🌫	14-tägig: I – VIII	Erd-, Hydrokultur; Ü: 15 – 24 °C.
Dieffenbachia ☠ Dieffenbachia	○–◐	💧	🌫	wö: III – VIII niedrig dosiert	Erd-, Hydrokultur; Ü: 16 – 24 °C.
• *Dracaena* Drachenbaum	○–◐	💧	🌫	14-tägig: III – VIII	Erd-, Hydrokultur; Ü: 18 – 25 °C.
• *Echeveria* Echeverie (Sukkulente)	☼	💧		14-tägig: V – VIII Kakteendünger	Erdkultur; Ü: 13 – 16 °C, etwas trockener.
• *Epipremnum pinnatum* Efeutute	○–●	💧		wö: III – VIII	Erd-, Hydrokultur; Ampelpflanze; Ü: 16 – 24 °C.
Fatshedera lizei ☠ Efeuaralie	☼–○	💧	🌫	14-tägig: III – VIII	Erd-, Hydrokultur; Ü: 10 – 18 °C, etwas trockener.
• *Ficus* Gummibaum, Birkenfeige u.a.	○	💧	🌫	14-tägig: III – VIII	Erd-, Hydrokultur; manche Arten sind Ampelpflanzen; Ü: 18 – 25 °C.

Die Symbole: • Pflanze ist pflegeleicht, für Anfänger und Büro geeignet. ☠ Warnung: Pflanze oder Pflanzenteile sind giftig.

Licht: ☼ = vollsonnig, Südfenster; ○ = hell, Ost-, Westfenster; ◐ = halbschattig, Nordfenster; ● = schattig, kleine Nordfenster.

Name	Licht	Gießen	Luftfeuchte	Düngen	Weitere Pflegehinweise
Fittonia verschaffeltii Fittonie	○ – ●	💧	↗🕭	14-tägig: IV – X	Erd-, Hydrokultur; Ü: 18 – 25 °C.
Hedera helix ☠ Zimmer-Efeu	○ – ◐	💧	↗🕭	wö: III – VIII niedrig dosiert	Erd-, Hydrokultur; Kletter- und Ampelpflanze; Ü: nicht unter 15 °C.
Howeia Kentia-Palme	○ – ◐	💧	↗🕭	wö: III – IX niedrig dosiert	Erd-, Hydrokultur; Ü: 18 – 25 °C.
Maranta Pfeilwurz	○	💧	↗🕭	14-tägig: IV – VIII niedrig dosiert	Erd-, Hydrokultur; Ü: 18 – 24 °C, etwas trockener.
• *Monstera deliciosa* Fensterblatt	○	💧	↗🕭	14-tägig: III – VIII niedrig dosiert	Erd-, und Hydrokultur; Kletterpflanze; Ü: 18 – 22 °C, luftfeucht.
Myrtus communis Myrte	☀ – ○	💧	↗🕭	wö: III – VIII	Erdkultur; Ü: 6 – 10 °C, hell, trocken.
Nephrolepis exaltata Schwertfarn	○ – ◐	💧	↗🕭	14-tägig: III – IX niedrig dosiert	Erd-, Hydrokultur Ü: 18 – 25 °C, luftfeucht.
• *Pachypodium* ☠ Madagarskarpalme	☀	💧		4-wö: V – VIII Kakteendünger	Erd-, Hydrokultur; Ü: 18 – 25 °C.
• *Pelargonium* Blatt-, Duftpelargonie	☀ – ○	💧		wö: III – VIII	Erdkultur; Ü: 10 – 12 °C, hell und trocken
• *Peperomia* Zwergpfeffer	○	💧	↗🕭	3-wö: IV – IX	Erd-, Hydrokultur, manche Arten sind auch für Ampeln geeignet; Ü: 15 – 22 °C.
• *Philodendron* Baumfreund	○ – ◐	💧	↗🕭	14-tägig: III – VIII	Erd-, Hydrokultur; manche kletternd; Ü: 18 – 26 °C.
Platycerium Geweihfarn	○ – ◐	💧	↗🕭	14-tägig: III – IX	Erdkultur oder epiphyptisch; auch Ampelpflanze; Ü: 18 – 25 °C.
• *Pogonatherum paniceum* Zimmerbambus	○	💧	↗🕭	3-wö: III – VIII	Erdkultur; Ü: 15 – 24 °C.
• *Radermachera sinica* Zimmeresche	○	💧	↗🕭	3-wö: III – VIII	Erdkultur; Ü: um 15 °C.
• *Rhoicissus capensis* Kapwein	○ – ◐	💧		14-tägig: V – VIII	Erd-, Hydrokultur; Kletterpflanze; Ü: 10 – 16 °C.
• *Sansevieria trifasciata* Bogenhanf	☀ – ◐	💧		3-wö: III – VIII	Erd-, Hydrokultur; Ü: 15 – 24 °C.
• *Saxifraga stolonifera* Steinbrech	○ – ◐	💧		wö: III – VIII	Erd-, Hydrokultur; Ampelpflanze; Ü: 15 – 24 °C.
• *Schefflera* Strahlenaralie	○ – ◐	💧	↗🕭	14-tägig: III – VIII	Erd-, Hydrokultur; Ü: 16 – 24 °C.
• *Sedum* Fetthenne (Sukkulente)	☀ – ○	💧		4-wö: IV – VIII Kakteendünger	Erdkultur, manche Arten sind auch für Ampeln geeignet; Ü: 5 – 10 °C.
• *Sparmannia africana* Zimmerlinde	○	💧	↗🕭	wö: III – VIII	Erd-, Hydrokultur; Ü: 10 – 15 °C, etwas trockener.
• *Tetrastigma voinierianum* Kastanienwein	○ – ●	💧		wö: III – VIII	Erdkultur, Kletterpflanze; Ü: 10 – 24 °C.
• *Tolmiea menziesii* Henne mit Küken	○ – ◐	💧		14-tägig: III – VIII	Erdkultur; auch für Ampeln; Ü: 5 – 10 °C.
Tradescantia Tradeskantie	○	💧		14-tägig: III – VIII	Erd-, Hydrokultur; Ampelpflanze; Ü: 10 – 24 °C.
• *Yucca* Palmlilie	☀ – ○	💧		3-wö: III – VIII	Erd-, Hydrokultur; Ü: 5 – 10 °C, etwas trockener.

Gießen: 💧 = viel gießen; 💧 = mäßig gießen, die Pflanze gleichmäßig feucht halten; 💧 = wenig gießen, Substrat auch – abtrocknen lassen.
Luftfeuchte: 🕭 = mittlere oder hohe Luftfeuchte. Römische Ziffern = Monate. – Ü = Überwinterung.

Lebensbausteine der Pflanzen

Zimmerpflanzen gedeihen dann prächtig, wenn ihre Grundbedürfnisse optimal erfüllt werden. Das heißt wenn sie alles, was sie zum Leben brauchen zur richtigen Zeit und richtig dosiert erhalten. Diese sogenannten Wachstumsfaktoren sind:

- Wasser (→ Gießen, Seite 24ff).
- Luft und Luftfeuchte (→ Seite 32ff).
- Nährstoffe(→ Düngen, Seite 36ff oder Umtopfen, → Seite 44 ff).
- Temperatur und zwar Wärme und Kühle zum richtigen Zeitpunkt (→ Wachstumsrhythmen, Seite 6).
- Licht (→ Seite 18/19).

Mein Tip: Zimmerpflanzen werden dann optimal gepflegt, wenn Sie diese einzelnen Faktoren richtig miteinander kombinieren. Dazu die folgenden Faustregeln.

Wachstumsfaktor Wasser

- Wasser erhält den Stoffwechsel der Pflanzen aufrecht. Sie bestehen bis zu 90% aus Wasser und verdunsten es über Spaltöffnungen, die sich vorwiegend auf der Unterseite ihrer Blätter befinden. Dadurch entsteht ein Mangel an Feuchtigkeit, der wie ein Sog wirkt und die Pflanze veranlaßt, weiteres Wasser über ihre Wurzeln nach oben zu ziehen.
- Wasser ist das Transportmittel für die Nährstoffe, die die Pflanze aus der Erde nur in gelöster Form über die Wurzeln aufnehmen kann.
- Wasser führt der Pflanze nicht nur die Nährstoffe zu, sondern leitet auch ihre Stoffwechselprodukte ab.
- Wasser hilft der Pflanze, Temperaturen zu puffern. Bei Hitze verdunstet

sie Wasser und sorgt somit für ihre eigene Kühlung. Ohne diese Möglichkeit würde sie in der prallen Sonne sterben.
- Wasser hält das Gewebe der Pflanzen straff. Fehlt Wasser, werden die Zellen schlaff. Unser Auge erkennt dies am Welken der Pflanze.

Faustregeln:

1. Nie zuviel gießen, denn Staunässe läßt die Wurzeln der Pflanze schnell faulen und verhindert damit die Nährstoffzufuhr.
2. Bei kühlen Temperaturen und hoher Luftfeuchte weniger gießen, denn dann verdunsten Pflanzen weniger Wasser als bei trockener Luft.
3. Bei hohen Temperaturen und trockener Luft mehr und öfter gießen, denn dann verdunsten Pflanzen mehr Wasser als bei Kühle.

Wachstumsfaktor Luft

Pflanzen brauchen Luft zum Atmen (→ Zeichnungen, Seite 7) und damit sie gesund bleiben. Gestaute Luft, die entsteht, wenn Pflanzen zu nahe beieinander sind oder wenn die pralle Sonne auf ein Südfenster fällt (Hitzestau), macht Zimmerpflanzen schnell anfällig für Schädlinge.
Mit der Luft nehmen Pflanzen auch Luftfeuchtigkeit auf. Der Bedarf vieler Tropenpflanzen liegt über 60%.

Faustregeln:

1. Pflanzenpflege heißt auch Lüften und für Luftfeuchte sorgen.
2. Je höher die Temperatur im Raum, desto mehr Luftfeuchtigkeit brauchen Pflanzen.
3. Zugluft ist für alle Zimmerpflanzen schädlich. Vor allem im Winter beim Lüften Pflanzen davor schützen!

4. Verbrauchte und mit Schadstoffen angereicherte Luft (zum Beispiel Zigarettenrauch) ist schädlich und kann Blatt-, Blüten- und Knospenfall verursachen.

Wachstumsfaktor Nahrung

Nährstoffe werden den Pflanzen in der Regel über die Pflanzerde, das Substrat oder durch den Dünger zugeführt.
Man unterscheidet Hauptnährstoffe (→ Tabelle, Seite 39) und Spurenelemente (→ Seite 38).
Zimmerpflanzen haben sehr unterschiedliche Nährstoff-Bedürfnisse. Manche sind regelrechte Nährstoff-Fresser, während andere nur geringe Mengen verbrauchen (zum Beispiel Kakteen und Orchideen). Bei der Dünger-Dosierung spielt aber auch die Größe der Pflanze eine Rolle. Große, wüchsige Pflanzen benötigen mehr Nährstoffe als Jungpflanzen.

Faustregeln:

1. Gedüngt wird immer, wenn Licht, Wärme und Wassergaben steigen, also in Wachstumsphasen.
2. Gedüngt wird nie in absoluten Ruhezeiten bei Kühle, schwachem Licht und sehr reduziertem Gießen.
3. Typische Nährstoffmängel können am schnellsten mit Flüssigdüngern (→ Seite 43) behoben werden oder mit gesprühten Blattdüngern.
4. Selbst regelmäßige Düngergaben ersetzen nicht das Umtopfen (→ Seite 45ff).
5. Zimmerpflanzen, die in Hydrokultur oder alternativen Tongranulaten gezogen werden, benötigen besondere, speziell auf diese Substrate abgestimmte Dünger (→ Seite 42).

Epiphyten – wie dieser Nestfarn – siedeln sich auf Bäumen an und benötigen Halbschatten sowie hohe Luftfeuchte.

Wachstumsfaktor Temperatur

Pflanzen reduzieren ihren Stoffwechsel bei kühlen Temperaturen, während Wärme das Wachstum der Pflanzen sowie ihre Wasser- und Nährstoffaufnahme anregt.

Die meisten Zimmerpflanzen haben ähnliche Temperaturbedürfnisse wie wir Menschen, also zwischen 16 und 22 °C – wünschen sich jedoch von ihren Natur-Standorten her nachts etwas tiefere Temperaturen. Vor allem viele Orchideen-Arten benötigen diese Absenkung zum Blütenansatz.

Was auf fast alle tropischen Zimmerpflanzen äußerst schädlich wirkt, sind niedrige Bodentemperaturen. Im Winter und in den Übergangszeiten sind die Temperaturen um das Pflanzgefäß schnell tiefer als die Raumtemperatur, wenn die Pflanze auf einer kalten, schlecht isolierten Fensterbank oder vor einer zugigen Balkontüre steht. In diesen Fällen sollte die Pflanze einen anderen Standort erhalten, oder Sie sorgen für eine Isolation zum Beispiel mit Styroporplatten oder Korkuntersetzern.

Faustregeln:

1. Ruhezeit heißt immer Temperatur-Senkung! Die Pflanzen dann kaum gießen und nicht düngen.
2. Vorsicht bei Bodenkälte! Besonders anfällig sind tropische Pflanzen und alle Zimmerpflanzen in Hydrokultur, weil hier die Kälte nicht durch Erde gepuffert wird.
3. Bodenkälte in Verbindung mit Staunässe wirkt auf alle Zimmerpflanzen mit Sicherheit tödlich.

Was Licht bei Pflanzen bewirkt

Das Streben nach der lebenserhaltenden Kraft »Licht« ist allen oberirdischen Pflanzenteilen gemeinsam: Blüten und Blätter, ja die ganze Pflanze richtet sich nach dem Licht aus, wächst ihm entgegen. Anders ist es mit den unterirdischen Teilen: Die Wurzeln wachsen vom Licht weg.

Mein Tip: Pflanzen auf der Fensterbank nicht drehen, sobald sie Knospen angesetzt haben.

Licht und Pflanzenpflege

Licht wird in Lux (lx) gemessen. Wer Zimmerpflanzen kauft, erhält oft zur schnellen Information Kärtchen mit Pflegesymbolen dazu. Darauf sind auch die Lichtansprüche der Pflanze charakterisiert, meist mit Symbolen:

-☼- = vollsonnig. Ein Platz am Südfenster oder im Freien. Die Lichtintensität liegt weit über 2000 lx.

◯ = hell. Ost- oder Westfenster sowie Südost- und Südwestlagen mit stundenweisem Sonneneinfall, aber ohne pralle Mittagssonne. Durchschnittlich 1500–2000 lx.

◑ = halbschattig. Freie Nordfenster sowie Nordwest- und Nordostlagen, die nie direkte Sonne erhalten, aber unverbaut sind. Im Schnitt 1000 lx.

● = schattig. Kleine oder verbaute Nord-, Nordost- oder Nordwestfenster sowie Standorte im Zimmer, bis zu 2 m vom Fenster entfernt. Die Lichtintensität liegt unter 1000 lx.

Mein Tip: Diese Angaben können beträchtlich nach oben oder unten abweichen. Messen können Sie die Bedingungen an Ihrer Fensterbank mit einem Luxmeter, das wie ein Belichtungsmesser funktioniert.

Licht ok?

Pflanzen zeigen an, ob sie mit der vorhandenen Lichtintensität zufrieden sind oder nicht. Licht ist so maßgeblich ein Teil ihres Lebens, daß es sich auf ihre Gestalt und ihr Aussehen auswirkt. Für die Gesundheit und den Blütenansatz ist es auch wichtig, daß Pflanzen im Schnitt 12 bis 16 Stunden täglich Licht erhalten.

Bei optimaler Lichtmenge wachsen Pflanzen kompakt und gedrungen.
• Die Triebe sind kräftig, die Abstände zwischen den Verzweigungen und Blättern kurz.
• Die Blüten erscheinen zahlreich und sind farbintensiv.
• Bei den Blättern ist buntes oder panaschiertes (weiß oder gelb gezeichnetes) Laub besonders kräftig gefärbt.

Bei zuwenig Licht wachsen Pflanzen einseitig zur Lichtquelle hin.
• Ihre Triebe vergeilen (besonders wenn die Pflanze dabei warm steht und regelmäßig gegossen wird), das heißt, sie werden dünn und die Abstände zwischen Verzweigungen und Blättern sehr groß (→ Pannenhilfe, Seite 64).
• Die Blätter entwickeln sich untypisch, werden klein und gelb, farbiges oder panaschiertes Laub vergrünt.
• Blüten werden kaum gebildet.

Bei zuviel Licht ergeht es Pflanzen wie uns Menschen – sie bekommen einen Sonnenbrand. Zuerst welkt die Pflanze, dann bilden sich gelbe, später braune Flecken auf den Blättern (→ Pannenhilfe, Seite 64).

Südfenster

Sie erhalten von morgens bis nachmittags volle Sonne.
• Im lichtarmen Winter sind sie gute Plätze für alle Pflanzen, die es zu anderen Jahreszeiten nur hell oder halbschattig mögen.
• Vorsicht aber im Sommer! Von März bis in den Herbst hinein wird es sehr heiß, so daß Sie dort an unschattierten Fenstern nur noch sonnenhungrige Pflanzen wie Kakteen, Sukkulente und Kübelpflanzen pflegen können.

Tips für Pflanzen am Südfenster.
• Das Südfenster können Sie ganzjährig für alle Pflanzen nutzen, wenn Sie sie nicht direkt am Fenster sondern in Fensternähe plazieren, so daß sie keine Sonne erhalten.
• Ans Südfenster können Sie alle Helligkeit liebenden Pflanzen stellen, wenn Sie im Sommer wie Winter an sonnigen Tagen um die Mittagszeit schattieren, zum Beispiel Jalousien halb schließen, Schattierfolie oder Papier an der Scheibe anbringen.
• Alternative: Im Winter Pflanzen vom Ost-/Westfenster dort unterbringen. Ab März kommen sie wieder an ihre sonnenfernen Standorte.
• Von Frühjahr bis Herbst dann Sonnenanbeter plazieren. Sie werden anschließend in ein kühles, helles Winterquartier geräumt, wo sie ihre Ruhepause einhalten.
• Grundsätzlich: Im Sommer alle Pflanzen möglichst weit von den Fensterscheiben wegrücken, damit sie nicht verbrennen.
• Außerdem: Im Sommer täglich gießen und lüften, damit kein Hitzestau hinter der Scheibe entsteht.

Ost- und Westfenster

Ostlagen erhalten weiche Morgen-, Westlagen sanfte Abendsonne. An beiden Fenstern bleibt Pflanzen die sengende Mittagssonne erspart, sie erhalten jedoch soviel Licht, daß Sie den Großteil aller Zimmerpflanzen dort pflegen können. Zum Beispiel die meisten Grünpflanzen, vor allem die mit buntem oder panaschiertem Laub und zahlreiche Blütenpflanzen, auch Orchideen.

Tips für Pflanzen am Ost- oder West-fenster.

• Bei Südost- oder Südwestlagen um die Mittagszeit schattieren, um die volle Sonne abzufiltern.

• Im Winter Pflanzen von Nordfenstern hierher stellen, so erhalten sie das nötige Licht.

Nordfenster

Diese Lage erhält die geringste Lichtintensität und ist für die meisten Blütenpflanzen nicht geeignet. Trotzdem läßt sich hier ein traumhaftes Pflanzen-Sortiment pflegen, vor allem wenn dieser Raum jahrein jahraus gleichmäßig wohltemperiert ist. Dann können Sie hier alle Pflanzen des tropischen Regenwalds kultivieren, die sich oft durch ihre attraktiven Blattformen und -zeichnungen hervortun. Zum Beispiel Marantengewächse, Farne und Aronstabgewächse, wie Philodendron, Dieffenbachie oder Alokasie.

Tips für Pflanzen am Nordfenster.

• Bunte oder panaschierte Blattpflanzen können im Winter an Lichtmangel leiden. Wenn Sie zu vergrünen beginnen, am besten die Pflanzen an ein Ost- oder Westfenster

So läßt die Lichtintensität im Zimmer nach

Am Fenster erhalten Pflanzen die volle Lichtmenge, also 100%.

1 m vom Fenster entfernt stehende Pflanzen erhalten nur noch 80 bis 50% der Lichtintensität am Fenster.

1,5 m vom Fenster entfernt, hat sich die Lichtmenge bereits auf 50 bis 25% reduziert.

2 m vom Fenster entfernt beginnt häufig schon der Bereich, in dem Kunstlicht nötig wird.

stellen oder eine Pflanzenleuchte vorübergehend in Betrieb nehmen.

• Zugige Nordfenster unbedingt gut isolieren, denn die tropischen Regenwald-Pflanzen sind besonders anfällig für »kalte Füße«. Wurzelfäule und Blattfall sind die Folge.

• Bei kalten Fensterbänken aus Stein im Winter die Pflanzen auf isolierende Wärmematten, Styroporplatten oder Luftbefeuchter-Schalen (→ Seite 35) stellen.

Was die Lichtintensität beeinträchtigt

Die Lichtmenge im Raum wird durch viele Faktoren beeinträchtigt:

• durch die Größe des Fensters,

• durch Vorhänge; selbst helle Jalousien filtern den Lichteinfall beträchtlich,

• durch die Lage der Wohnung,

• durch die weitere Umgebung; ein großer Baum vor dem Fenster wirft einen mächtigen Schatten,

• durch die Jahreszeiten; im Sommer erhalten Pflanzen mehr Licht als im Winter.

Wenn Zimmerpflanzen Hilfe brauchen

Falsche Standorte und Fehler bei der Versorgung sind oft Hauptursache für Schädlings- und Krankheitsbefall.

Übel Nummer Eins. Viel Pflanzen-Leid beginnt bereits damit, daß Zimmerpflanzen an Standorten untergebracht werden, an denen sie nicht lebensfähig sind.
Vorbeugung: Unbedingt Licht- und Temperatur-Bedürfnisse sowie Wachstums- und Ruhezeiten der Pflanzen beachten!

Übel Nummer Zwei. Die meisten Pflanzen werden übergossen. Stehen sie mit ihren Wurzeln aber längere Zeit im Wasser, so können diese nicht mehr atmen und faulen. Die Folge: Die Pflanze kann weder Wasser noch Nährstoffe in benötigtem Maß aufnehmen und verhungert allmählich.
Vorbeugung: Regelmäßig, aber maßvoll gießen!

Übel Nummer Drei. Erhalten Zimmerpflanzen zuviel oder zuwenig Nährstoffe, werden sie leicht Opfer von Schädlingen wie Blattläusen, Spinnmilben oder Schildläusen.
Vorbeugung: Regelmäßig, aber maßvoll düngen!

Übel Nummer Vier. Zu warme und lufttrockene Überwinterung begünstigt den Befall mit Thripsen, Spinnmilben, Weißen Fliegen.
Vorbeugung: Im Winter die Temperaturen senken, in warmen Räumen unbedingt für erhöhte Luftfeuchte sorgen!

Übel Nummer Fünf. Gestaute, verbrauchte und feuchte Luft fördert Pilzkrankheiten.
Vorbeugung: Regelmäßig lüften, Pflanzen nicht zu eng stellen und nicht auf die Blätter sprühen oder gießen.

Blattläuse

Symptome: Grün oder braunschwarz. An jungen Trieben, Knospen oder Blättern. Hinterlassen klebrige, verkrüppelte Blätter.
Abhilfe: → Seite 22/23. Florfliegen, Räuberische Gallmücken, pyrethrumhaltige Mittel, Tabak-Brühe.

Rußtau

Symptome: Klebrig-schwärzlicher Belag auf Blättern. Pilz, der sich auf Ausscheidungen von Läusen ansiedelt.
Abhilfe: Stark verschmutzte Blätter entfernen, schwach befallene mit lauwarmem Wasser abwaschen.

Weiße Fliegen

Symptome: Etwa 2 mm lange, weiße Fliegen mit dachziegelartigen Flügeln, die sofort auffliegen, wenn man die Pflanze berührt. Ihre Larven sind gelblichgrün. Fliegen und Larven sitzen auf der Unterseite der Blätter. Sie saugen Zellsaft aus den Pflanzen und scheiden klebrigen Honigtau aus, was Rußtau begünstigt. Die Blätter werden gelb-fleckig und verwelken schließlich. Befall wird durch trockenwarme Luft gefördert.
Abhilfe: → Seite 22/23. Abbrausen mit warmem Wasser, Schlupfwespen, Gelb-Sticker, pyrethrumhaltige Mittel. Vorbeugen durch hohe Luftfeuchte.

Thripse

Werden auch Blasenfüße genannt.
Symptome: 1 mm lange Fransenflügler, die gelb-schwarz gestreift sind. Sie saugen die Zellen von Blättern und Blüten aus. Zuerst sind auf den Blättern weißlich Punkte und winzige schwarze Kothäufchen zu erkennen. Später

und bei starkem Befall werden die Unterseiten der Blätter silbrig-weiß. Befall wird begünstigt durch trocken-warme Luft. Abhilfe: → Seite 22/23. Pflanze mit lauwarmem Wasser abbrausen, Gelb-Sticker, pyrethrumhaltige Präparate. Vorbeugen durch hohe Luftfeuchte.

Spinnmilben

Zimmerpflanzen werden vor allem von der Gemeinen Spinnmilbe (Rote Spinne) befallen.
Symptome: Die mit den Spinnen verwandten, rötlichen Milben sind nur etwa 1/2 mm groß und mit dem bloßen Auge schwer zu erkennen. Bei Befall erscheinen die Blattoberseiten anfangs weißlich gesprenkelt. Bei fortschreitendem Befall verbinden sich die Pünktchen zu Flecken, auf den Unterseiten und in den Achseln der Blätter sind hauchfeine Gespinste zu erkennen. Abhilfe: → Seite 22/23. Schnell handeln! Pflanze häufig mit lauwarmem Wasser abbrausen. Raubmilben einsetzen, Pflanzensauna oder spezielle Präparate gegen Spinnmilben. Zur Vorbeugung hohe Luftfeuchte und optimale Pflege. Spinnmilben sind typische Schwächeparasiten.

Schildläuse

Es gibt verschiedene Arten, die alle sehr schwer zu bekämpfen sind.
Symptome: Braune Schilde bei den unmobilen Alttieren. Jungtiere sind heller und beweglich. Die Schädlinge befallen Triebe und Blätter und saugen mit Vorliebe an den Hauptadern auf den Blattunterseiten. Sie sondern auch den stark klebrigen Honigtau aus, der schnell zu Rußtau (→ Seite 20) führt. Abhilfe: → Seite 22/23. Schnell handeln! Schilde abkratzen oder mit Spiritus-Seifenlösung einpinseln. Hartlaubige Pflanzen mit Weißöl spritzen, weichlaubige vertragen dies nicht.
Mein Tip: Ähnlich äußert sich der Befall mit den engverwandten Woll- und Schmierläusen, die statt an Schilden, an weißen, watteähnlichen Gebilden zu erkennen sind. Abhilfe wie bei Schildläusen!

Mehltau

Pilzkrankheit.
Symptome: Echter Mehltau zeigt sich in einem weiß-grauen, mehlartigen Belag auf den Blattober- und unterseiten sowie auf Trieben, Blüten und Früchten. Der Falsche Mehltau tritt nur blattunterseits auf. Das Pilzmyzel dringt in die Pflanze ein und verbreitet sich in ihr. Abhilfe: → Seite 22/23. Befallene Pflanzenteile entfernen und vernichten. Lecithin-Präparate oder chemische Fungizide.
Mein Tip: Manche Pflanzen sind besonders mehltaugefährdet. So zum Beispiel: Begonien, Hortensien, Kalanchoën, Usambaraveilchen, Zimmerwein, Kapwein und Rosen.

Schutz und Erste Hilfe

Zimmerpflanzen werden sich am richtigen Standort und bei artgerechter Pflege kräftig und robust entwickeln. Kommt es trotzdem einmal zu einem Schaden, ist es wichtig, möglichst im Anfangsstadium etwas dagegen zu unternehmen.

Regelmäßiger Pflanzencheck heißt deshalb die Devise – und dies ist keinesfalls ein langwieriges Unterfangen. Werfen Sie beim regelmäßigen Gießen einfach einen prüfenden Blick auf Ihre Pflanzen. Schauen Sie vor allem auf Triebspitzen und Knospen (Blattläuse!) sowie auf die Ober- und Unterseite der Blätter.

Was tun, wenn...? Zimmerpflanzen können von Schädlingen, Pilz-, Virus- und Bakterienkrankheiten befallen werden.

Gegen Schädlinge und Pilzkrankheiten läßt sich etwas unternehmen. Je eher Sie den Befall entdecken, desto größer sind die Erfolgsaussichten.

Gegen Bakterien- und Viruserkrankungen gibt es jedoch keine Hilfe. Glücklicherweise werden Pflanzen nur sehr selten davon befallen. Kommt es doch einmal dazu, kranke Pflanzen sofort vernichten und nicht auf den Kompost geben, denn über den Kompost können die Erreger weiter verteilt werden.

Mein Tip: Isolieren Sie von Schädlingen oder Pilzkrankheiten heimgesuchte Zimmerpflanzen sofort, damit sie andere nicht anstecken. Ist eine Pflanze bereits stark befallen, sollten Sie überlegen, ob sich Aufwand und Gifteinsatz wirklich lohnen oder ob es nicht besser ist, die Zimmerpflanze durch eine neue zu ersetzen.

Alternative Abwehrmethoden gegen Schädlinge

Pflanzensauna
Hohe Luftfeuchte gegen Spinnmilben. Dazu Pflanze gut angießen, in durchsichtige Plastiktüte stecken, luftdicht zubinden, einige Tage stehen lassen. Vorsicht: Weichlaubige Pflanzen können faulen!

Gelb-Sticker
Gegen Weiße Fliegen, Minierfliegen, Trauermücken, Thripse. Sticker in die Blumenerde stecken. Von der Farbe angezogen, bleiben die Schädlinge am Leim kleben.

Nützlinge
Spezielle Feinde für die wichtigsten Schädlinge. Die Eier der Nützlinge sind auf Kärtchen oder Blättern befestigt. Einfach in befallene Pflanzen hängen.

Alternative Spritzmittel
In den Handsprüher füllen und auf die Pflanzen sprühen. Im Abstand mehrerer Tage wiederholen (→ Rezepte, Seite 23).

Mechanische Abwehr

Je früher Sie einen Befall entdecken, desto geringer ist der Schaden und läßt sich oft noch leicht mechanisch beheben. Zum Beispiel durch

- Abschneiden befallener oder kranker Pflanzenteile,
- Abstreifen oder Abbrausen der Schädlinge,
- Eintauchen oberirdischer Pflanzenteile in handwarme Seifenlauge.

Biologische Maßnahmen

→ Tabelle links.

Nützlinge lassen sich als natürliche Feinde der Schädlinge einsetzen. Ihre Eier sind, an Blätter oder Kärtchen geheftet, über den Fachhandel zu beziehen. Man hängt sie einfach an die befallene Pflanze. Ihre Wirkung setzt ein, wenn die Larven schlüpfen, also mit einer gewissen Verspätung.

- Gegen Blattläuse gibt es Florfliegen und Räuberische Gallmücken,
- gegen Weiße Fliegen Schlupfwespen,
- gegen Spinnmilben Raubmilben,
- gegen Woll- und Schmierläuse Australische Marienkäfer,
- gegen Trauermücken Nematoden.

Gelb-Sticker locken durch ihre Farbe Weiße Fliegen, Minierfliegen, Trauermücken, Thripse und andere fliegende Schädlinge an, die dann auf den mit Spezial-Leim beschichteten Stickern kleben bleiben.

Pyrethrumhaltige Mittel spritzt man über die befallenen Pflanzen. Sie wirken gegen alle beißenden und saugenden Insekten, vor allem gegen Weiße Fliegen und Blattläuse. Diese pflanzlichen Mittel werden aus den Blüten spezieller Chrysanthemen gewonnen und sind bienengefährlich.

Pyrethrumhaltige Mittel nie anwenden, wenn Sie offene Wunden haben. Kommen die Stoffe in die Blutbahn, sind sie auch für Menschen giftig. Nicht im Zimmer benutzen, wenn dort ein Aquarium steht!

Vorsicht mit Pflanzenschutzmitteln!

- Verwenden Sie keine hochgiftigen mit T oder T+ gekennzeichneten Mittel.
- Halten Sie sich genau an die Gebrauchsanweisungen und Dosierungsvorschriften. Richten Sie sich nach den empfohlenen Spritzintervallen, um auch die nachfolgende Schädlingsgeneration zu vernichten.
- Verwenden Sie aus Gründen des Umweltschutzes keine Sprays mit FCKW.
- Sprühen Sie nur im Freien.
- Tragen Sie Handschuhe und einen Atemschutz.
- Essen, trinken oder rauchen Sie nie beim Umgang mit Pflanzenschutzmitteln.
- Bewahren Sie Pflanzenschutzmittel immer in der Originalverpackung, außer Reichweite von Kindern und Haustieren und unter Verschluß auf.
- Heben Sie Reste nicht auf. Die Wirkung der Präparate geht schnell verloren. Mittel nicht in den Hausmüll geben, sondern zu Sondermüll-Sammelstellen bringen.

Ölhaltige Mittel, zum Beispiel aus Paraffin- oder Weißöl, verstopfen die Atmungsorgane von Insekten, so daß sie ersticken. Sie wirken besonders gut gegen Woll- und Schmierläuse, Schildläuse und Spinnmilben, werden jedoch wie Blattglanzsprays nur von hartlaubigen Pflanzen vertragen.

Lecithinhaltige Mittel werden gegen Mehltau-Pilze auf die Blätter gesprüht.

Seifen-Spirituslösungen kann sich jeder selbst herstellen. Sie haben sich gegen Woll-, Schmier- und Schildläuse bewährt.

Dazu 1 Eßlöffel Schmierseife in 1 Liter handwarmem Wasser auflösen und 1 Eßlöffel Brennspiritus zugeben. Damit die Pflanze einsprühen oder die einzelnen Schädlinge betupfen.

Tabak-Brühe wirkt gegen Blattläuse. 5–10 Zigarettenstummel etwa 8 Stunden lang in 1/2 Liter Wasser einweichen, dann absieben. Unverdünnt über Pflanze sprühen. Achtung: Diese Brühe ist hochgiftig! Nur an robusten Pflanzen anwenden! Kinder und Haustiere unbedingt fernhalten!

Chemische Mittel

Nur anwenden, wenn andere Verfahren nicht erfolgreich waren.

- Insektizide töten Insekten und können gespritzt, gegossen, auf das Substrat gestreut oder als Stäbchen in die Erde gesteckt werden.
- Akarizide vernichten Milben.
- Fungizide wirken gegen Pilzerkrankungen.

*Wasser ist das Lebenselixier
der Pflanzen. Zimmerpflanzen
erhalten es durch Sprühen oder
Gießen. Und wenn es einmal
vergessen wurde, hilft oft noch
ein Tauchbad.*

Gießen

Wußten Sie, daß die meisten Zimmerpflanzen nicht verdursten, sondern zu Tode gegossen werden? Hier erfahren Sie, wie man richtig gießt. Aber auch gegen trockene Zimmerluft sollten Sie etwas tun!

Am Naturstandort erhalten Pflanzen die lebensnotwendige Feuchtigkeit durch Regen, Tau, Nebel oder Schnee und haben sich über Jahrtausende an die dort vorherrschende Wasserversorgung angepaßt. Die meisten Pflanzen saugen den Hauptteil der benötigten Feuchte mit ihren Wurzeln ein; einige haben sich jedoch darauf spezialisiert auch vom Tau zu leben, den sie über Blattschuppen aufnehmen, wie zum Beispiel Tillandsien.

Am künstlichen Standort im Zimmer brauchen Pflanzen eine artgerechte Pflege, die die Bedingungen des Natur-Standortes möglichst genau kopiert. Gießen ist dabei die Pflegemaßnahme Nummer Eins. Richtig gießen heißt, eine Menge zu berücksichtigen, nämlich der individuellen Pflanze

- das richtige Gießwasser
- zur richtigen Zeit
- in der richtigen Menge zu geben.

Hartes oder weiches Wasser?

Die Qualität des Gießwassers ist wichtiger als viele glauben. Wie ist mein Leitungswasser beschaffen? Diese Frage sollte sich jeder Zimmergärtner stellen, noch bevor er sich die erste Pflanze ins Haus holt. Wichtig ist, daß das Wasser nicht zu hart und damit zu kalkhaltig ist. Denn kaum eine Pflanze verträgt über längere Zeit hartes Wasser.

Was ist Wasserhärte? Sie wird in Graden deutscher Gesamthärte (°dH) gemessen und hängt vom Gehalt bestimmter Salze ab, die darin gelöst sind. Vor allem sind es Magnesium- und Kalziumver-

Wasserhärte	Gießpraxis
Sehr weiches Wasser bis 4 ° dH	Pur nicht als Gießwasser geeignet. Kann mit härterem Leitungswasser vermischt dieses weicher machen.
Weiches Wasser 4 bis 8 °dH	Optimal zum Gießen.
Mittelhartes Wasser 8 bis 12 °dH	Für viele Pflanzen bereits zu hart (→ Tabelle, Seite 28). • Mit 8 bis 10 °dH kommen noch viele Pflanzen gut zurecht, wenn das Wasser über Nacht steht. Dabei setzt sich Kalk (Karbonate in Form von Kesselstein) etwas ab, das Wasser wird geringfügig weicher. • Bei 10 bis 12 °dH Wasser abkochen und abkühlen lassen. Dabei setzen sich größere Mengen Kalk als Kesselstein am Kochgefäß ab, das Wasser wird weicher.
Hartes Wasser 12 bis 18 ° dH und sehr hartes Wasser über 18 °dH	Unbedingt enthärten. Die besten Möglichkeiten: Enthärtungsmittel aus dem Fachhandel oder Filtergießkannen, die spezielles Gießwasser aufbereiten. → Tabelle, Seite 27.

bindungen. Diese Stoffe werden in geringer Dosierung dringend von den Pflanzen benötigt. Sind sie in zu hoher Konzentration im Wasser gelöst, können sie die Nährstoffaufnahme behindern und den Stoffwechsel der Pflanze stören.

Bestandteile der Wasserhärte. Die Gesamthärte des Wassers setzt sich aus der Karbonathärte (KH) und der Nichtkarbonathärte (NKH) zusammen.

- Die Karbonathärte (KH) ist dabei der Hauptbestandteil der Gesamt-

härte und für die Pflanzenpflege ausschlaggebend. Sie wird auch temporäre Härte genannt, weil sie sich relativ leicht durch Kochen des Wassers reduzieren läßt. Für das Gedeihen der Pflanzen sollte die Karbonathärte im Gießwasser möglichst nicht über 10 °KH liegen, weil sonst das Substrat, in dem die Pflanze steht, zunehmend alkalischer wird – das heißt der pH-Wert steigt (→ Seite 28). Dadurch kann die Pflanze manche Nährstoffe und Spurenelemente nur noch schwer aufnehmen. Es kommt trotz Dünger-gaben zu Mangelerscheinungen (Chlorosen), die Blätter verfärben sich gelb, lediglich ihre Adern bleiben grün.

• Die Nichtkarbonathärte (NKH) läßt sich nicht durch Kochen beseitigen und heißt deshalb auch permanente Härte. Sie beruht auf Sulfatverbindungen von Kalzium und Magnesium und kann bei der Pflege der Zimmerpflanzen weitgehend unberücksichtigt bleiben.

So erfahren Sie die Härte Ihres Gießwassers

Gerade beim Leitungswasser kann die Härte regional beträchtlich schwanken. Sie läßt sich jedoch beim zuständigen Wasserwerk oder bei Ihrer Gemeinde erfragen.

Wer's selbst ausprobieren möchte, kann mit Meßreagenzien aus dem Aquarienhandel die Gesamt- oder die Karbonathärte leicht bestimmen.

Daneben noch ein alter Gärtnertrick zum ungefähren Erfassen der Wasserhärte: Zeichnen sich nach dem Besprühen hartlaubiger Zimmerpflanzen mit Gießwasser auf den Blättern Kalkringe ab, so ist das Wasser mittelhart. Sind die Blätter hingegen weißlich überzogen, ist Ihr Gießwasser hart oder sehr hart und muß unbedingt enthärtet werden.

Vorsicht mit sehr weichem oder destilliertem Wasser!

Sehr weiches Wasser (unter 4 °dH) sowie destilliertes Wasser dürfen auf keinen Fall als Gießwasser (auch nicht als Trinkwasser) verwendet werden. Denn die ihnen entzogenen

So können Sie Gießwasser enthärten

Enthärtungsmittel
gibt es pulverisiert oder flüssig. Ins Wasser geben und 6 – 12 Stunden stehen lassen, dann hat sich der Kalk am Boden des Gefäßes abgesetzt. Bodensatz durch Kaffeefilter laufen lassen oder enthärtetes Wasser behutsam abgießen.
Mein Tip: Günstig für alle, die viel Gießwasser benötigen.

Filtergießkannen
speziell für Gießwasser sind im Fachhandel erhältlich. Ihre Kartuschen mit Ionenaustauschern müssen regelmäßig erneuert werden. Sie enthärten das Wasser und filtern Schadstoffe heraus.
Mein Tip: Praktisch, wenn nur kleinere Mengen Gießwasser benötigt werden. Größere Mengen brauchen viel Zeit, bis sie durchgelaufen sind.

Torfsäckchen
Bewährtes Hausmittel. Dazu 500 g trockenen Torf in ein Stoffsäckchen füllen und über Nacht in einen Eimer mit 10 Liter Wasser hängen.
Nach dreimaligem Gebrauch Torf erneuern.
Mein Tip: Wenn möglich, der Umwelt zuliebe darauf verzichten, um den Abbau von Torf nicht voranzutreiben.

Nährstoffe können auch durch Dünger nicht mehr ersetzt werden. Auch Wasser aus Ionenaustauschgeräten, die mit Salz regeneriert werden, ist schädlich für Pflanzen.

Durch diese Verfahren entsalztes Wasser kann jedoch gut mit hartem Leitungswasser vermischt werden, das dadurch weicher wird.

Mein Tip: Im Haushalt fällt immer wieder Wasser an, das Sie ideal zum Gießen verwenden können, weil es kalkarm ist und sogar wertvolle Pflanzennährstoffe enthält, wie das

abgekühlte Wasser vom Kartoffel- und Gemüsekochen.

Leitungswasser oder Regenwasser?

Leitungswasser ist in der Regel härter als Regenwasser und in vielen Fällen gechlort. Häufig muß es als Gießwasser erst aufbereitet werden.

Regenwasser steht nicht jedem Zimmergärtner zur Verfügung und besitzt längst nicht mehr die Qualität von einst. Trotzdem ist es in der Regel pflanzenfreundlich, weich und

temperiert. Beachten Sie aber folgendes:
• Das Regenwasser erst sammeln, wenn es bereits 1/2 bis 1 Stunde geregnet hat und ein Großteil von Staub und schädlichen Luftpartikeln heruntergeregnet wurde.
• Fürchten Sie, daß Ihr Regenwasser zu sauer ist, können Sie im Gartenfachhandel, im Zoofachhandel sowie in Fachgeschäften für Aquaristik oder Laborbedarf Tests oder Indikatorpapiere kaufen, um seinen Säuregrad zu bestimmen.

Der Säuregrad (pH-Wert) des Wassers

Der Säuregrad wird in pH-Werten von 0 bis 14 gemessen, der Wert 7 kennzeichnet dabei eine neutrale Reaktion.
• Der ideale pH-Wert des Gießwassers liegt bei 5,5 bis 6. Die meisten Pflanzen gedeihen bei diesen Wasser- und Bodenwerten am besten.
• Liegt der pH-Wert unter 5, ist das Wasser für die meisten Pflanzen zu sauer und sollte nicht mehr zum Gießen verwendet werden.
• Einen pH-Wert über 7,5 senkt man durch Enthärten des Wassers (→ Tabelle, Seite 27).

Was sich gegen Schadstoffe im Gießwasser tun läßt

Sowohl im Leitungs- wie im Regenwasser können Stoffe enthalten sein, die für Pflanzen schädlich sind.
Schwermetall-Verbindungen mit Cadmium, Kupfer und Blei im Regenwasser sind Gifte, die den Stoffwechsel der Pflanzen stören.
• Abhilfe: Spezielle Filter zur Auf-

Zimmerpflanzen, die weiches Wasser benötigen

• Flamingoblume, *Anthurium*
• Glanzkölbchen, *Aphelandra*
• Begonie, *Begonia*
• Kamelie, *Camellia*
• Orangenbäumchen, *Citrus*
• Dieffenbachie, *Dieffenbachia*
• Dipladenie, *Dipladenia*
• Fingeraralie, *Dizygotheca*
• Fittonie, *Fittonia*
• Gardenie, *Gardenia*
• Topfhortensie, *Hydrangea*
• Ixore, *Ixora*
• Jasmin, *Jasminum*
• Südseemyrte, *Leptospermum*
• Pfeilwurz, *Marante*
• Medinille, *Medinilla*
• Myrte, *Myrtus*
• Pentas, *Pentas*
• Zimmer-Azaleen, *Rhododendron*
sowie
Zimmer-Farne und Palmen, Bromelien und Orchideen.

bereitung von Gießwasser (→ Tabelle, Seite 27). Ihre Filterpatronen mit speziellen Ionenaustauschern müssen regelmäßig gewechselt werden und können zum Recycling in den Fachgeschäften wieder abgegeben werden.
Chlor und chlorgebundene Schadstoffe beeinträchtigen das Wachstum und die Gesundheit der Pflanzen. Gießwasser sollte maximal 50 mg pro Liter enthalten.
• Abhilfe: Wasser über Nacht stehen lassen, dann verflüchtigt sich Chlor. Auch die Chlorwerte des Leitungswassers können Sie bei Ihrem Was-

serwerk oder der zuständigen Gemeinde erfragen.

Das richtige Werkzeug

Viele Zimmerpflanzen vertragen Nässe auf ihren Blättern und Blüten nur schlecht. Man gießt deshalb – von einigen Ausnahmen abgesehen – am besten immer aufs Substrat. Dazu eignen sich
Gießkannen mit langem, schmalem Gießrohr am besten, weil Sie damit auch durch buschige Pflanzen hindurch direkt auf die Erde gießen können.
Mein Tip: Ungünstig sind Gießkannen mit Sprenklern, die das Gießwasser zwar weich machen, aber auch weit verteilen.

Filtergießkannen mit Ionenaustauschern sind besonders praktisch. Aber Vorsicht beim Kauf, es gibt zweierlei: Solche, die das Wasser für den Haushalt (wie für Tee, Kaffee und Bügeleisen) aufbereiten und solche, die spezielles Gießwasser für Pflanzen produzieren.
Pumpkannen mit langem, gebogenem Gießrohr ermöglichen auf bequeme Weise, Ampeln und bepflanzte Hängekörbe zu wässern. Das Gießwasser wird per Druck aus der flaschenförmigen Kanne durchs Gießrohr nach oben gepumpt.
Mein Tip: Pflegen Sie Ihre Gießkanne! Auch dort setzen sich Kalk, Bakterien und andere Ablagerungen fest. Am besten das Gefäß einmal wöchentlich unter fließendem Wasser auch innen gründlich reinigen.

Orchideen nur mit weichem Wasser gießen und Staunässe unbedingt vermeiden. Für hohe Luftfeuchte sorgen!

Wann gießen?

- Wenn Sie mit dem Daumen 1 bis 2 cm tief in der Topferde keine Feuchtigkeit mehr spüren.
- Wenn das Klopfen am Tontopf hell tönt. Ist die Erde gut durchfeuchtet, klingt das Klopfen dumpf.
- Spätestens dann, wenn sich die trockene Erde bereits vom Topfrand löst und die Pflanze schlappt.

Mein Tip: Zuviel gegossen haben Sie, wenn Tontöpfe ständig feucht aussehen oder sich mit einem grünen Belag überziehen. Hilfreich sind Feuchtigkeitsmesser (→ Zeichnung 3), die ins Substrat gesteckt werden.

1 Gießen von oben oder von unten?
a Ständiges Gießen von unten läßt Wasser und Nährstoffe nach oben wandern.
b Kräftiges Gießen von oben verteilt Wasser und Nährstoffe gleichmäßig im Topf.

2 Spezielle Gießmethoden.
a Bromelien in den Trichter gießen.
b Beim Tauchen Ballen so lange unter Wasser halten, bis keine Luftbläschen mehr aufsteigen. Dann abtropfen lassen.

Gießmethoden

Gießen von unten (→ Zeichnung 1a) sollte man Pflanzen mit nässeempfindlichen Knollen, Stengeln oder Blättern wie Alpenveilchen, Usambaraveilchen, Gloxinien oder Bubiköpfchen. Dabei das Wasser im Untersetzer maximal eine halbe Stunde stehen lassen. Reste dann wegschütten, damit die Wurzeln nicht verfaulen.

Der Nachteil dieses Verfahrens: Die Nährstoffe wandern mit dem Gießwasser von unten nach oben. Sie stehen damit nicht mehr den unteren Feinwurzeln zur Verfügung, sondern sammeln sich an der Oberfläche, wo das Substrat versalzt und verkrustet.

Gießen von oben (→ Zeichnung 1b) ist bei den meisten Zimmerpflanzen zu empfehlen. Dabei das Wasser immer direkt auf das Substrat, nicht auf die Pflanze geben. So wird die Erde gut durchfeuchtet und dem Gießwasser beigemischte Nährstoffe werden gleichmäßig von oben nach unten zu den aufnehmenden Feinwurzeln hin verteilt.

In den Trichter gießt man epiphytisch lebende Bromelien (→ Zeichnung 2a), die am Grund ihrer Blätter eigene Zellen zur Wasseraufnahme besitzen.

Tauchen (→ Zeichnung 2b) ist das beste Verfahren für Epiphyten und Orchideen, damit deren wasserdurchlässiges Substrat die Feuchte gut aufnehmen kann. Auch für Ampelpflanzen oder Farne in Lattenkörbchen ist Tauchen ideal. Es ist ferner eine Notversorgung für Pflanzen mit völlig ausgetrockneten Wurzelballen.

Die 10 goldenen Gießregeln

1 Artspezifische Pflanzen-Wünsche beachten. Informieren Sie sich, ob Ihre Zimmerpflanzen großen oder kleinen Durst haben.

2 Während der Wachstumsphase und zur Blütezeit (das ist meist im Frühjahr und Sommer) durchdringend und viel gießen.

3 Während der Ruhezeit (im Herbst und vor allem im Winter) die Wassermengen nach und nach reduzieren, später nur noch so viel gießen, daß der Wurzelballen gerade nicht austrocknet.

4 Häufiger gießen müssen Sie Pflanzen
- in trockenen, warmen Räumen,
- an hellen, sonnigen Standorten,
- in Tontöpfen,
- in kleinen und völlig durchwurzelten Töpfen, weil den Pflanzen hier kaum Substrat zur Verfügung steht, das Wasser speichern kann.

5 Seltener gießen müssen Sie Pflanzen
- in kühlen Räumen mit hoher Luftfeuchte,
- an lichtarmen Standorten,
- in Plastiktöpfen,
- in Töpfen mit ausreichend Erde um den Wurzelballen herum; hier kann das Substrat Feuchte halten.

6 Nur mit handwarmem Wasser gießen. Kaltes Gießwasser erschwert die Nährstoffaufnahme, behindert das Wachstum und kann zu Wurzelfäule führen.

7 Nie auf Blätter und Blüten gießen. Blattflecken und Pilzkrankheiten können die Folge sein.

8 Nie bei voller Sonne gießen. Die Wassertropfen können unter der

Sonne Brennglaswirkung erreichen, so daß die Blätter versengen.

9 Pflanze keinesfalls immer nur an der gleichen Stelle gießen, sonst bilden sich kleine Kanäle im Topf, durch die das Gießwasser rinnt, ohne daß sich der Wurzelballen vollsaugen kann.

10 Vorsicht bei Untersetzern und Übertöpfen. Oft sieht man nicht, daß sich Gießwasser darin staut. Staunässe aber treibt die Luft aus den Poren der Topferde, so daß die Wurzeln weder Wasser noch Nährstoffe aufnehmen können. Es kommt zu Wurzelfäulnis, die wiederum zum Absterben der ganzen Pflanze führen kann. Deshalb grundsätzlich eine halbe Stunde nach dem Gießen Untersetzer oder Übertöpfe kontrollieren.

3 Feuchtigkeitsmesser sind nützliche Gießhilfen für Anfänger.

4 Automatische Bewässerungssysteme.

a Tonkerzen in Topferde stecken, ihr Zuleitungssystem in einen mit Wasser gefüllten Behälter geben.

b Saugfähiges Vlies versorgt mehrere Pflanzen (in Tontöpfen) gleichzeitig. Günstig: Spüle mit Abtropffläche.

Automatische Bewässerung

Im Fachhandel gibt es die unterschiedlichsten Bewässerungshilfen für alle, die sich nicht ständig ums Gießen kümmern können oder einmal verreisen möchten. Lassen Sie sich im Fachhandel beraten, denn manche Systeme sind nur für eine kurzfristige Wochenend-Versorgung geeignet, andere hingegen tränken Ihre grünen Schützlinge über viele Wochen. Hier einige bewährte Verfahren:

Tonkerzen (→ Zeichnung 4a) werden mit Wasser gefüllt und ins Substrat gesteckt. Durch den Ton geben sie ständig Feuchtigkeit ab. Um diesen Mangel auszugleichen, saugen sie aus einem Vorratsbehälter über eine Zuleitung wieder Wasser an. Ein 10 l-Eimer kann eine Pflanze gut über einen Monat versorgen.

Saugfähige Vliese (→ Zeichnung 4b) können eine ganze Reihe von Pflanzen bewässern. Man füllt ein Spülbecken als Wasserreservoir. Die Matte reicht vom Spülbecken bis zur Abtropffläche, darf jedoch nicht über deren Rand hängen, weil sonst Wasser auf den Boden tropft. Pflan-

c Baumwolldochte tief in Wurzelballen stecken, anderes Ende mit Stein in einem Wassereimer beschweren.

zen in Tontöpfen saugen das im Vlies gespeicherte Wasser hoch und können sich so allein bedienen.

Saugfähige Dochte (→ Zeichnung 4c), zum Beispiel aus Baumwolle oder Glasfaser, tief in das Topfsubstrat stecken oder mit einer großen Nadel von unten bis oben durchziehen. Ihr anderes Ende in einen Eimer mit Wasser leiten und dort mit einem Stein beschweren, damit sie nicht durchhängen.

Wichtig: Der Wasserspiegel des Eimers sollte höher sein als die Pflanzentöpfe, dann funktioniert das Saugprinzip am besten. Die Dochte dürfen nicht durchhängen, sonst tropft das Wasser vor dem Blumentopf ab.

Dieser schöne Fensterplatz kann für Farne und Schönmalve (rechts) im Winter durch trocken-warme Heizungsluft zur Todesfalle werden.

Warum und wozu brauchen Pflanzen Luftfeuchtigkeit?

<u>Unterschiedliche Herkunft.</u> Viele aus tropischen Regionen stammende Zimmerpflanzen sind von ihrem Heimat-Standort her eine hohe Luftfeuchtigkeit gewohnt, vor allem
• Pflanzen aus dem tropischen Regenwald, die dort jahrein jahraus bei dampfender Wärme eine Luftfeuchtigkeit bis zu 90 % vorfinden,
• und Pflanzen aus dem tropischen Bergwald, die sich an intensives Licht, Kühle, Nebel und ebenfalls hohe Luftfeuchtigkeit angepaßt haben.

Pflanzen aus trockenen Gegenden, wie zum Beispiel aus Wüstenregionen stammende Kakteen und Sukkulenten oder subtropische Pflanzen aus Trockengebieten, die oft mit Wasserspeichern und Verdunstungsschutz ausgestattet sind, können auch im Haus bei geringerer Luftfeuchtigkeit gut gedeihen.

<u>Wachstumsfaktor Feuchtigkeit.</u> Fast alle Pflanzen halten ihren Wasserhaushalt im Gleichgewicht, indem sie Wasser aufnehmen und wieder verdunsten ($\rightarrow$ Seite 7). Dies geschieht durch winzige Poren, die sich vor allem tagsüber öffnen, um Kohlendioxid aus der Luft aufzunehmen. Sie geben dabei Sauerstoff und Feuchtigkeit aus den Zellen ab.

<u>Zuviel Feuchtigkeit.</u> Bei völlig mit Wasser gesättigter Luft (wie das jedoch höchstens gelegentlich am Natur-Standort vorkommt) kann die Pflanze nicht mehr verdunsten, folglich werden Wasser und Nährstoffe

nicht mehr aufgenommen. So sehen die Folgen aus:
- Es kommt vorübergehend zu einem Stocken des Wachstums.
- Die Pflanzen werden anfällig für Pilzkrankheiten.

Zuwenig Feuchtigkeit. Trockene Luft und hohe Temperaturen beschleunigen die Verdunstung. Selbst bei häufigerem Gießen können die Wurzeln dann das Feuchte-Defizit der Blätter nicht schnell genug ausgleichen. So sehen die Folgen aus:
- Die Blattspitzen werden braun.
- Die Blätter verdorren.
- Blüten und Knospen fallen ab.

Wenn Pflanzen tropfen. Wundern Sie sich nicht, wenn Philodendron, Dieffenbachie oder andere Zimmerpflanzen Tröpfchen ausschwitzen, obwohl Sie weder gegossen noch gesprüht haben. Dies ist kein Krankheitssymptom, sondern eine lebenserhaltende Maßnahme von Pflanzen, die am vorgegebenen Standort weniger verdunsten können als sie eigentlich müßten, um ihren Wasserhaushalt auszugleichen. Sie scheiden damit mehr Feuchtigkeit aus und ermöglichen so ihren Wurzeln, größere Mengen des benötigten Wassers aufzunehmen. Fachleute nennen diesen Vorgang Guttation.

Viel oder wenig Luftfeuchte?

Viel Luftfeuchte brauchen
- Pflanzen mit großen, weichen Blättern, wie Zierbanane (*Ensete*), Zimmerlinde (*Sparmannia*),
- Pflanzen mit zarten, dünnen Blättern, wie Buntblatt (*Caladium*), Frauenhaarfarn (*Adiantum*),
- epiphytisch wachsende Pflanzen, wie viele Orchideen, Bromelien, Tillandsien,
- Zimmerfarne.

Wenig Luftfeuchte brauchen
- Pflanzen mit ledrig-derben Blättern, wie Gummibaum (*Ficus*), Fensterblatt (*Monstera deliciosa*),
- Pflanzen mit reduzierten Blättern oder Nadeln, wie Zimmerzypresse (*Cupressus macrocarpa*),
- Kakteen,
- Sukkulenten, wie Rosetten-Dickblatt (*Aeonium*).

Was ist Luftfeuchtigkeit?

Für die Pflanzenpflege maßgeblich ist die relative Luftfeuchtigkeit, die in Prozent angibt, wieviel Wasser die Luft enthält im Verhältnis zur vollen Sättigung (100%) bei gleicher Temperatur.

Was Sie unbedingt wissen sollten:
Die Luftfeuchte läßt sich leicht mit einem Hygrometer messen, das man im Fachhandel für Gartenbedarf oder beim Optiker erhält.

Werte für die Pflanzenpflege:
- Unter 50% = niedere Luftfeuchte
- 50 bis 60%= mittlere Luftfeuchte
- über 60% = hohe Luftfeuchte.

Am tropischen Heimat-Standort vieler Pflanzen beträgt die Luftfeuchte 60 bis 90%. Sorgen Sie im Zimmer zumindest für mittlere Feuchtigkeitswerte (→ Seite 34/35).

Luftfeuchtigkeit und Wärme. Luft kann bei höheren Temperaturen mehr Wasserdampf aufnehmen. Bei gleichbleibender Wassermenge und steigenden Temperaturen wird die Luft also trockener. Gleichzeitig verdunsten Pflanzen mehr Wasser, so daß für sie ein doppelter Feuchtebedarf besteht.

Winterszeit – trockene Zeit!

Die für Zimmerpflanzen härteste Zeit ist mit Abstand unser Winter. Dann müssen sie nämlich am Fensterbrett – meist über der Heizung – sehen, wie sie mit den unwirtlichen Lebensumständen dort zurechtkommen. Viele kostet es das Leben. Was ist der Grund?

Im Winter ist die Zimmerluft besonders trocken (häufig liegt die Feuchte bei 15 bis 40%). Das Minimum, für die meisten Blüten- und Blattpflanzen liegt aber bei 50%.

Im Winter ist die Außenluft besonders trocken, denn kühle Luft ist arm an Feuchtigkeit. Beim Lüften strömt also trockene Luft ein, die bei ihrer Erwärmung der Zimmerluft zusätzliche Feuchte entzieht.

Wichtig: Im Winter muß deshalb das Raumklima für Pflanzen, die man warm überwintert, angefeuchtet werden.

Luftfeuchte durch Sprühen

Mit Handzerstäubern läßt sich die Luftfeuchte im ganzen Raum kaum erhöhen. Trotzdem ist das Sprühen nicht ganz umsonst.

Indirektes Besprühen (→ Zeichnung 2a) schafft kurzfristige Luftfeuchte rund um die Pflanze herum. Es empfiehlt sich für Pflanzen mit behaarten Blättern, die den direkten Sprühnebel nicht vertragen, und für andere, deren Blüten und Blätter fleckig werden oder deren Knospen zu faulen beginnen.

Besprühen Sie nie direkt: Begonie (*Begonia*), Pantoffelblume (*Calceolaria*-Hybriden), Kroton (*Codiaeum*), Dieffenbachie (*Dieffenbachia*), Zimmeraralien (*Fatsia*), Efeuaralie (*Fatshedera lizei*), Amaryllis (*Hippeastrum*-Hybriden), Mimose (*Mimosa*), Peperomien (*Peperomia*), Usambaraveilchen (*Saintpaulia-Ionantha*-Hybriden), Gloxinie (*Sinningia*-Hybriden), Drehfrucht (*Streptocarpus*).

Direktes Besprühen (→ Zeichnung 2b) sorgt für direkte Feuchte und imitiert die Taubildung, auf die zum Beispiel Tillandsien und andere Epiphyten, wie der Geweihfarn (*Platycerium*) angewiesen sind.

Wichtig: Weiches Wasser nehmen, Zerstäuber fein einstellen, nicht auf die Blüten sprühen, am besten morgens und nicht bei Sonne sprühen.

Schalen für die Fensterbänke

Die größte Not leiden die Zimmerpflanzen, die im Winter auf dem Fensterbrett über der Heizung ständig von aufsteigender, trocken-warmer Heizungsluft umspült werden. Dabei sind Maßnahmen, die die Lebensbedingungen der Pflanzen verbessern, gar nicht so aufwendig.

Verdunsterschale verwenden (→ Zeichnung 3). Im Fachhandel sind größere Schalen mit eingepaßtem Gitterrost erhältlich. Man stellt sie auf die Fensterbank, füllt sie mit Wasser und legt das Gitter ein. Die Pflanzen kommen nicht mit dem Wasser in Berührung, sind aber von Verdunstung umgeben.

• Vorteil: Sie können mehrere Pflanzen darauf unterbringen und mit Feuchtigkeit versorgen.

• Alternative: Den gleichen Zweck erfüllen beliebige flache Schalen, die Sie mit Blähton oder Kieseln und Wasser füllen. Darauf die Pflanzen arrangieren, aber so, daß sie keine nassen Füße bekommen.

2 Luftfeuchte durch Sprühen.
a Über die Pflanzen hinweg sprühen, sorgt für indirekte Luftfeuchte.
b Tillandsien und andere Epiphyten direkt besprühen.

Schmale Fensterbänke verbreitern, zum Beispiel indem man breitere Holzbretter auf das Fensterbrett legt. Auf diese Weise wird die von den Heizkörpern unter dem Fenster aufsteigende trocken-warme Luft abgeleitet und streift nicht ständig direkt die Blätter der auf der Fensterbank stehenden Pflanze.

Breitere Pflanzenwanne installieren. Diese Methode verspricht den besten Erfolg. Die Pflanzenwanne kann man wie Blumenkästen nach beliebiger Größe bauen. So wird's gemacht.

• Wannenmaße so breit wählen, daß sie Fensterbank und Heizung überdecken.

• Innen Plastikwannen oder Schalen hineinstellen. Oder: Fugen abdichten und zusätzlich rundherum mit einer stabilen Folie auskleiden, damit sie wasserdicht sind. Blähton oder Kiesel einfüllen, Wasser nachgießen und Pflanze daraufstellen.

• Alternative: Wanne mit Blähton oder Torf füllen, da hinein bis zum Topfrand Pflanzen einbetten. Wichtig: Diese Zimmerpflanzen müssen

1 Flaschengärten mit eigenem Kleinklima. Ideale Pflanzenheime bei trockener Zimmerluft. Zuunterst Blähton als Drainage einfüllen, kleine Pflanzen nehmen!

sich in rundum geschlossenen Töpfen befinden, damit sie nicht von unten her permanenter Nässe ausgeliefert sind.

Mein Tip: Die Verdunsterschalen brauchen Wartung: Füllen Sie regelmäßig Wasser nach. Reinigen Sie sie wöchentlich einmal, weil sich darin Kalk, Bakterien und Algen absetzen.

Feuchte für einzelne Töpfe

• Geschlossene Einzeltöpfe mit Blähton, Tongranulaten oder feinem Rindenmulch in größere Übertöpfe einfüttern (→ Zeichnung 4a) und diese Zwischenschicht feucht halten.

• Einzeltöpfe auf umgedrehtes Schälchen oder 4 halbierte Korken in einen mit Wasser gefüllten Untersetzer stellen (→ Zeichnung 4b). Die Feuchtigkeit verdunstet nach oben an der Pflanze entlang.

Mein Tip: Je kleiner die Verdunstungsbehälter, desto öfter müssen Sie Wasser nachfüllen.

Elektrische Luftbefeuchter

Mit diesen Geräten erreichen Sie mehr als eine momentane Anhebung der Luftfeuchte rund um die Pflanze. Sie garantieren Ihnen mit Sicherheit, daß sich die Luftfeuchte im ganzen Raum erhöht. Luftbefeuchter arbeiten nach verschiedenen Prinzipien.

Zerstäuber, bei denen Wasser durch Zentrifugalkraft in feinste Tröpfchen zerstäubt.

Verdampfer erhitzen Wasser, so daß es zu Wasserdampf wird.

Verdunster blasen oder saugen Luft durch einen feuchten Filter. Sie sind sparsam im Verbrauch, benötigen aber regelmäßigen Filterwechsel.

Weitere Tips zur Erhöhung der Luftfeuchtigkeit

Wer nicht gerade ständig einen elektrischen Luftbefeuchter in Betrieb hat, sollte zur Erhöhung der Luftfeuchtigkeit im Zimmer mehrere Methoden einsetzen, denn die meisten der aufgeführten Maßnahmen erhöhen nur die Luftfeuchte um die Pflanze. Hier einige Vorschläge:

3 Schalen für Fensterbänke.
Ideal, um mehreren Pflanzen Luftfeuchtigkeit zu geben. Gitterrost in Schale einlegen und Wasser bis knapp unterhalb des Rosts auffüllen.

Mechanische Luftbefeuchter. Hängen Sie im Winter an Ihre Heizkörper Luftbefeuchter, und gießen Sie täglich frisches Wasser nach.

Verdunsterschalen erfüllen den gleichen Zweck bei Kamin- und Kachelöfen.

Aquarien mit ihrer ständigen Wasserumwälzung durch die Filteranlage leisten ebenfalls einen kleinen Beitrag zur Erhöhung der Luftfeuchte.

Bepflanzte Quellsteine und Zimmerspringbrunnen steigen zunehmend in ihrer Beliebtheit, denn sie sind ein hübscher Blickfang und bringen Leben und ein angenehmes Raumklima ins Zimmer.

Viele und große Pflanzen haben mehr Erde und Wurzeln und können folglich weit mehr Feuchtigkeit speichern als Pflanzen in kleinen Töpfen mit wenig Erde. Wer mehrere und große Pflanzen besitzt, sollte sie – wenn möglich – zusammen gruppieren. Das Wasser, das sie gemeinsam verdunsten, kommt allen als Luftfeuchtigkeit wieder zugute.

4 Luftfeuchte für Einzeltöpfe.
a Topf in größeren Topf mit Blähton, Torf oder Tongranulat einbetten.
b Pflanze auf umgedrehten Topf in größere wassergefüllte Schale stellen.

Feuchte Standorte wie Bad und Küche sind für feuchtigkeitsliebende Pflanzen besser geeignet als Büros mit trockener Aktenluft. Allerdings müssen Sie bedenken, daß gerade diese Räume oft und länger gelüftet werden. Schützen Sie dort angesiedelte Pflanzen vor Kälteschocks und Zugluft.

Sommerfrische im Freien ist die ideale Methode, Zimmerpflanzen in der warmen Jahreszeit zu stabilisieren. Gerade während und nach einem Regen ist die Luft sehr feucht. Stellen Sie Ihre Pflanzen deshalb oft ans offene Fenster oder auf Balkon und Terrasse.

Der filigrane Frauenhaarfarn (links oben) will anders gedüngt sein als die vitale Gerbera (oben) oder gar die zu den Bromelien zählende Tillandsie (→ Seite 37, links). Der Fachhandel hält dazu eine breite Nährstoff-Palette bereit.

Düngen

Auch wenn Pflanzen die einzigen Lebewesen sind, die Sonnenenergie direkt zu ihrem eigenen Wachstum nutzen – von Licht und Luft allein können sie dennoch nicht leben. Ohne pflanzengerechtes Futter gedeihen grüne Hausgenossen nicht.

Düngen

Nährstoffe auf einen Blick

Eine gute und ausgewogene Versorgung mit Nährstoffen läßt Pflanzen prächtig gedeihen und blühen. Gleichzeitig macht sie sie widerstandsfähig gegen Krankheiten und Schädlinge, weil der Stoffwechsel in den Zellen reibungslos funktioniert. Die meisten Pflanzen nehmen die Nährstoffe zusammen mit dem Wasser über ihre Feinwurzeln auf. Aber auch die Blätter können Nährstoffe in kleinen Mengen absorbieren. Am ungewöhnlichsten sind zum Beispiel auf Bäumen lebende Bromelien, Tillandsien oder Orchideen, die am Schaft ihrer trichterförmig angeordneten Blätter eigene Vorrichtungen zum Aufnehmen von Wasser und Nährstoffen besitzen. Sie werden daher in den Trichter gegossen (→ Zeichnung 2a, Seite 30) und so auch gedüngt.

Die Pflanzennährstoffe trennt man in zwei Gruppen, je nach der Menge, in der sie die Pflanzen brauchen.

Die Hauptnährstoffe (Makronährstoffe) benötigt jede Pflanze in großen Mengen (→ Tabelle, Seite 39). Dazu zählen Stickstoff (N), Phosphor (P), Kalium (K), Kalzium (Ca), Magnesium (Mg) und Schwefel (S).

Die Spurenelemente (Mikronährstoffe) sind für das gesunde Gedeihen der Pflanzen genauso wichtig wie die Hauptnährstoffe, werden jedoch in viel geringerer Dosierung aufgenommen. Zu ihnen rechnet man Eisen (Fe), Kupfer (Cu), Mangan (Mn), Molybdän (Mo), Zink (Zn), Chlor (Cl) und Bor (B).

Nährstoff-Balance. Zimmerpflanzen müssen gedüngt werden, weil im meist knapp bemessenen Substrat Nährstoffe nur begrenzt vorhanden und schnell verbraucht sind. Wichtig ist beim Düngen, daß die Nährstoffe in einem ausgewogenen Verhältnis zueinander stehen. Eine einseitige Über- oder Unterdosierung mit einem einzigen Nährstoff kann dafür sorgen, daß die Pflanze andere Nährstoffe – obwohl sie vorhanden sind – nicht mehr aufnimmt. Ist zum Beispiel in Substrat oder Gießwasser zuviel oder zuwenig Kalk, können Pflanzen die anderen Nährstoffe nicht mehr absorbieren.

Volldünger – was ist das?

In guten Volldüngern sind die Hauptnährstoffe und viele Spurenelemente in einem pflanzenfreundlichen und ausgewogenen Mengenverhältnis enthalten.

Vielfalt ist angesagt:

• Volldünger gibt es in nahezu jeder Konsistenz, also flüssig, pulverisiert oder in fester Form als Granulat, Tablette, Stäbchen oder Kegel.

• Sie können sich aus organischen Bestandteilen oder synthetischen Stoffen (»Kunstdünger«) zusammensetzen.

• Es gibt sie in unterschiedlicher Nährstoff-Gewichtung, als stickstoffbetonte, phosphorbetonte oder kaliumbetonte Volldünger. Dies ist deshalb wichtig, weil jeder dieser Hauptnährstoffe auf andere Weise zum Wachsen und Gedeihen der Pflanzen beiträgt (→ Tabelle, rechts).

• Und es gibt sie in unterschiedlicher Konzentration, also gehaltvolle hochprozentige oder leichte niedrigprozentige Dünger.

• Je nach ihrer Wirkung lassen sich ferner sofortwirkende Volldünger und Langzeitdünger (Depotdünger) unterscheiden.

Auf die Verpackung schauen! Volldünger sind umso leichter zu handhaben, je genauer Sie wissen, was sie enthalten. Viele Hersteller geben deshalb auf der Verpackung das prozentuale Verhältnis der wichtigsten Hauptnährstoffe an. Die Reihenfolge ist dabei immer die gleiche: N (Stickstoff), P (Phosphor), K (Kalium) und wird meist in Zahlen ausgedrückt. Zum Beispiel:

• 8/6/12 (oder 8 : 6 : 12) besagt, daß dieser Dünger zu 8% aus Stickstoff, zu 6% aus Phosphor (genauer: P_2O_5 = wasserlösliches Phosphat) und zu 12% aus Kalium (genauer: K_2O = wasserlösliches Kaliumoxid) besteht, es ist also ein kaliumbetonter Volldünger.

• 7/3/6 kennzeichnet einen leicht stickstoffbetonten Dünger, der 7% Stickstoff, 3% Phosphat und 6% Kaliumoxid enthält.

Kauftip. Die Preise von Volldüngern können beträchtlich differieren. Dies liegt vor allem an der unterschiedlichen Konzentration der Nährstoffe. Von schwachdosierten Düngern müssen Sie viel mehr verwenden als von starkdosierten, um die gleiche Düngewirkung zu erzielen. Sie sind zwar meist billiger, verbrauchen sich dann aber auch schneller.

Die Hauptnährstoffe und ihre Wirkung

Nährstoffe	Richtige Dosierung	Überdosierung	Nährstoff-Mangel	Hilfe bei Mangel
Stickstoff (N)	fördert Blatt-, Trieb-, und Wurzelwachstum	triebiger Wuchs, aufgeschwemmtes Gewebe, anfällig für Läuse und Pilze	ältere Blätter werden gelblich, Kümmerwuchs	Hornmehl, Blutmehl stickstoffbetonte Volldünger
Phosphor (P)	fördert Blütenbildung und Fruchtreife	Stoffwechselstörungen, Eisenmangel, schlechte Wurzelbildung	rot-braune Blattverfärbung, steil nach oben gerichtete Blätter, schwache Blüte, geringer Fruchtansatz	Knochenmehl, Guano, flüssiges Superphosphat, phosphorbetonte Volldünger
Kalium (K)	fördert Gewebefestigkeit und Wurzelbildung	Wachstumshemmung, Magnesium- und Kalziummangel	ältere Blätter verfärben sich an den Rändern braun, sterben ab	Patentkali, Guano, Holzasche, kaliumbetonte Volldünger
Magnesium (Mg)	fördert Blattgrünbildung und Gewebefestigkeit	fördert Befall mit Läusen und Spinnmilben, Kaliummangel möglich	Gelbfärbung der älteren Blätter, Blattadern bleiben grün	Magnesiumkalk, Algenkalk, Holzasche
Kalzium (Ca)	fördert Wurzelbildung, reguliert Sproßwachstum	führt zu Phosphormangel und verringertem Wurzelwachstum	Absterben der Knospen	Kohlensaurer Kalk, Algenkalk, Guano
Schwefel (S)	fördert Stoffwechsel	bedingt Kleinwüchsigkeit	Gelbfärbung der jüngsten Blätter. Selten!	Statt Düngen Substrat auswechseln

Kann man Zimmerpflanzen naturgemäß düngen?

Man kann! Immer mehr Hersteller entwickeln Zimmerpflanzen-Dünger auf der Basis natürlicher (also tierischer und pflanzlicher) Stoffe. Organisch zu düngen entspricht einem harmonischen, die Pflanze stabilisierenden Langzeitprogramm.

Wer schnell Hilfe braucht, weil er einen akuten Nährstoffmangel auszugleichen hat, sollte lieber zu einem synthetischen »Kunstdünger« greifen, denn diese an Salze gebundenen Nährstoffe stehen der Pflanze sofort zur Verfügung.

Bei synthetischen Mineraldüngern sind die Nährstoffe leicht löslich an synthetische Salze gebunden und können sofort von der Pflanze aufgenommen werden. Ein Nährstoffmangel kann mit diesen Düngern also schnell behoben werden. Allerdings ist auch die Gefahr der Überdüngung groß, denn die Pflanzen haben gar keine andere Möglichkeit, als die »Fertigmenüs« aufzunehmen. Zuviel Stickstoff zum Beispiel schwemmt aber ihre Zellen auf. Die Pflanzen werden dadurch anfällig für Krankheiten und Schädlinge.

Darüber hinaus kann das Substrat im Topf durch die Düngergaben versalzen. Die Mikroorganismen in der Pflanzerde finden zunehmend weniger Lebensmöglichkeiten und

Düngen

Der richtige Dünger zum Erfolg

Grünpflanzendünger für Grünpflanzen. Diese stickstoffbetonten Volldünger gibt es in flüssiger Form oder als Tabletten, Stäbchen und Kegel. Die Flüssigdünger wirken sofort, die festen Formen sind meist Langzeitdünger mit einer Wirkungsspanne von 4 bis 6 Wochen.

Blühdünger für Blütenpflanzen. Bei diesen Volldüngern ist der Stickstoffanteil geringer, Phosphor und Kalium hingegen sind stärker dosiert.

Orchideendünger für Orchideen und Bromelien sowie andere salzempfindliche Pflanzen. Sie sind besonders salzarm und können sowohl ins Gießwasser gegeben als auch auf die Blätter gesprüht werden.

Kakteendünger für Kakteen aus Steppen- und Wüstengebieten sowie für Sukkulenten. Sie sind stickstoff- und kalkarm, dafür reich versehen mit Phosphor und Kalium.

Rhododendron-Dünger oder Dünger für Moorbeetpflanzen für Azaleen, Erika und Hortensien, die alle ein saures Substrat und salzarme Dünger benötigen.

Blattdünger werden stark verdünnt über die Blätter gesprüht. Sie sind besonders zu empfehlen bei Wurzelschäden. Viele Sprühpräparate enthalten zusätzlich Vitamine und Spurenelemente, die das Wachstum unterstützen. Blattdüngung wird vom Zimmergärtner am besten als Spezialbehandlung neben der regelmäßigen Düngung eingesetzt. Besonders wirksam können Sie damit einen einzelnen Nährstoffmangel ausgleichen. Bei Eisenmangel helfen Eisenpräparate sehr schnell. Aber: Nicht für Pflanzen mit behaarten Blättern geeignet.

Spezialdünger für Pflanzen in Hydrokultur oder in Pflanzgranulaten (→ Seite 42).

Im Fachhandel gibt es jedoch inzwischen sehr wirksame organische Dünger für Topfpflanzen, die zusätzlich mit Mikroorganismen angereichert sind. Diese pulverisierten Dünger werden beim Eintopfen mit der Pflanzerde vermischt, beim regelmäßigen Nachdüngen auf die Topferde gestreut und mit einem Stäbchen leicht untergemischt. Jedesmal gründlich gießen!

Die Gefahr der Überdüngung und Versalzung ist bei diesen Düngern kaum gegeben, Sie müssen auch weniger umtopfen.

Organisch-mineralische Dünger versuchen die Vorteile beider Verfahren zu verbinden. So gibt es zum Beispiel schnellwirkende mineralische Dünger für Zimmerpflanzen, die mit organischen Bestandteilen wie Huminsäuren oder Guano versetzt sind.

Pflanzengerecht und individuell düngen!

Wer seine Zimmerpflanzen artgerecht und damit erfolgreich ernähren möchte, kommt um ein bißchen Pflanzen-Wissen nicht herum. Denn wie bei Menschen gibt es auch bei Pflanzen recht unterschiedliche Bedürfnisse.

Starkzehrer sind große Esser, die Nährstoffe schnell verwerten und deshalb in ihrer Wachstumszeit wöchentlich gedüngt werden sollten. Zu ihnen zählen vor allem:

• Grünpflanzen, die in kurzer Zeit viel Blattmasse produzieren, wie Buntblatt (*Caladium*) oder Zimmerlinde (*Sparmannia*).

• Blütenpflanzen, von denen meist Höchstleistungen im Blühen erwartet

sterben ab. Die Pflanze kann ihre Nährstoffe nur noch über den Kunstdünger beziehen, auf den sie immer stärker angewiesen ist. Werden jetzt Düngefehler begangen, haben sie bei labilen Pflanzen sehr schnell Krankheiten oder Schädlingsbefall zur Folge.

Mein Tip: Beachten Sie unbedingt die Dosierungsanleitungen der Mineraldünger und die individuellen Bedürfnisse der Pflanzen (Starkzehrer und Schwachzehrer, → rechts), damit sie nicht gemästet werden. Besser weniger düngen als zuviel!

Organische Dünger bieten den Pflanzen hingegen eher »Vollwertkost« und bestehen aus tierischen oder pflanzlichen Produkten. Sie müssen erst von den Bodenorganismen im Substrat in pflanzenverfügbare Nährstoffe umgewandelt werden und wirken dadurch sehr viel langsamer. Hinzukommt, daß im beschränkten Raum eines Pflanzentopfes kein wirklich vollständiges Bodenleben stattfinden kann, ja daß viele handelsübliche Erden eine besonders geringe Zahl an Bodenorganismen enthalten.

Wüstenkakteen zeigen ihre reizenden Blüten nur nach heller, kühler Überwinterung. Am besten werden sie mit Kakteendünger ernährt.

werden, wie Ruhmeskrone (*Gloriosa rothschildiana*), Hibiskus (*Hibiscus rosa-sinensis*) oder Passionsblume (*Passiflora*).

Schwachzehrer brauchen Nährstoffe nur in niedriger Dosierung und nicht öfter als alle 3 bis 4 Wochen. Nehmen Sie also bei festen Volldüngern nur die Hälfte der empfohlenen Dosis oder verdoppeln Sie bei Flüssigdünger die Gießwassermenge. Zu den Schwachzehrern zählen:

• Grünpflanzen, die nur wenige oder kleine Blätter bilden, wie Elefantenfuß (*Beaucarnea recurvata*), Leuchterblume (*Ceropegia woodii*), Zimmerzypresse (*Cupressus macrocarpa*), Fittonie (*Fittonia verschaffeltii*), Peperomien (*Peperomia*), Sansevierie (*Sansevieria*), Erbsenpflanze (*Senecio rowleyanus*), Palmlilie (*Yucca*).
• Kakteen (außer den Blattkakteen)
• Sukkulenten
• Orchideen
• Farne
• und viele Palmen-Arten.

Ernährungsspezialisten (→ Tabelle, Seite 40). Für Kakteen, Sukkulenten, Orchideen, Bromelien und Azaleen führt der Fachhandel konfektionierte Volldünger, die sich genau an den Bedürfnissen dieser Pflanzen orientieren.

Pflanzen in besonderen Substraten, wie in Blähton oder anderen Pflanzgranulaten, sollten mit eigens für diese Substrate entwickelten Düngern ernährt werden (→ Richtig düngen bei Hydrokultur, Seite 42).

Düngen

10 goldene Düngeregeln

1 Düngen Sie nur während der Wachstumszeit. Das heißt für die meisten Pflanzen: Anfang bis Mitte März behutsam mit dem Düngen beginnen, denn mit der zunehmenden Lichtintensität setzt der neue Austrieb der Pflanzen ein. Allmählich die Nährstoffzufuhr erhöhen, ab September die Düngergaben reduzieren.

2 Pflanzen, die über den Winter blühen (wie Alpenveilchen oder Kamelie), haben einen anderen Wachstumsrhythmus und werden unterschiedlich vor oder nach der Blüte gedüngt (→ Tabelle »Blütenpflanzen«, Seite 10/11 sowie Tabelle »Grünpflanzen« Seite 14/15).

3 Pflanzen mit absoluten Ruhezeiten (wie die Passionsblume, *Passiflora*), in denen die Pflanzen kaum gegossen werden sowie dunkel und kühl stehen, überhaupt nicht düngen. Pflanzen mit gemäßigter Ruhezeit (wie Einblatt, *Spathiphyllum*), die warm und hell kultiviert werden, auch im Winter alle 4 Wochen sehr schwach dosiert düngen.

4 Nie auf den trockenen Wurzelballen düngen, die Nährsalze können die Feinwurzeln verbrennen. Vor dem Düngen Pflanzen grundsätzlich gießen.

5 Frisch umgetopfte Pflanzen frühestens nach 6 Wochen düngen. Bis dahin reichen die Nährstoffe des neuen Substrats aus.

6 Kranke Pflanzen nicht düngen.

7 Junge, kleine Pflanzen mit wenig Wurzeln in der ersten Zeit gar nicht, später nur sehr schwach dosiert alle 4 Wochen düngen.

8 Die Düngerdosierung hängt vom Nährstoffbedarf der Pflanze und ihrer Größe ab. Große Pflanzen brauchen mehr Futter als kleine.

9 Im Zweifelsfall besser öfter und niedrigdosiert düngen als selten und hochdosiert.

10 Bei mineralischen Volldüngern die Dosierungsangaben auf der Verpackung beachten. Bei Kakteen, Sukkulenten, Orchideen, Palmen, Farnen und Bromelien nur die Hälfte der angegebenen Dosierung nehmen oder einen Spezialdünger (→ Seite 40).

Was tun bei Überdüngung?

Zu hohe Düngergaben können je nach Nährstoff unterschiedliche Symptome ausbilden (→ Tabelle, Seite 39). Die Gefahr zu überdüngen besteht vor allem bei mineralischem Volldünger. Es gibt einige generelle Anzeichen für Düngeschäden:
• Wenn an Tontöpfen und auf dem Pflanzsubstrat weiße Salzausblühungen und -verkrustungen zu sehen sind.
• Wenn die Blätter der Pflanzen welken oder sich verformen, ohne daß Gießfehler oder Schädlinge dafür verantwortlich sind.
• Wenn die Blätter braune Flecken und schwarzbraun verbrannte Ränder bekommen.

<u>Vorbeugemaßnahme.</u> Mehrjährige Pflanzen, die Umtopfen vertragen, am besten jährlich in frisches Substrat betten.

<u>Erste Hilfe.</u> Wer sicher ist, daß seine Zimmerpflanze zuviel des Guten erhielt und bereits Düngeschäden aufzeigt, kann sie retten, indem er die Pflanze aus dem Topf nimmt und den ganzen Wurzelballen etwa 15 Minuten lang taucht. So werden die überflüssigen Salze ausgeschwemmt. Den Topf ebenfalls gründlich wässern, Salzablagerungen mit der Bürste entfernen. Nun den Ballen abtropfen lassen und die Pflanze mit neuem Substrat ins gereinigte Gefäß setzen.

Richtig düngen bei Hydrokultur

Bei dieser Form der Kultur ist die Nährstoffversorgung besonders wichtig, weil die Pflanze sich ausschließlich von den Düngergaben ernährt und keine weiteren Nährstoffe aus dem Substrat erhält. Zwei Dünge-Varianten haben sich besonders bewährt:

<u>Nährlösungen</u>, die jedem Gießwasser beigemischt werden. Die Dosierungshinweise auf der Verpackung genau beachten!

<u>Düngebatterien</u>, die unter dem inneren Kulturtopf befestigt werden und Ionenaustauscher enthalten. Sie sind besonders pflegeleicht, weil sie Kalk, Chlor und andere pflanzenschädliche Stoffe im Gießwasser gegen Pflanzennährstoffe austauschen und

das über einen Zeitraum von 4 bis 6 Monaten. Die Vorteile:
- Sie müssen über lange Zeit nicht düngen.
- Eine Überdüngung ist bei dieser Methode ausgeschlossen.
- Sie können Leitungswasser zum Gießen benutzen – ja es ist sogar nötig, denn die darin gelösten Salze, werden für den Ionenaustausch benötigt.

Mein Tip: Die ideale Nährstoffversorgung für Pflanzen im Büro und für grüne Hausgenossen von Berufstätigen.

Nährstoffe erneuern – gewußt wie

- Wer Nährlösungen benutzt, muß etwa nach 6 bis 8 Wochen das ganze Kulturwasser erneuern und die Pflanze gut durchspülen.
- Wer Düngebatterien verwendet, sollte zusammen mit dem Austausch der Düngeblöcke alle 4 bis 6 Monate auch das ganze Wasser erneuern und die Pflanze gut durchspülen.
- So spült man Zimmerpflanzen in Hydrokultur: Pflanze im Kulturtopf belassen, aber aus dem Übergefäß nehmen. 5 bis 10 Minuten lang über Blähton und Kulturtopf leicht temperiertes Wasser aus der Brause rinnen lassen, so daß alles gut durchgespült wird. In dieser Zeit den Übertopf gründlich reinigen.
- Pflanze abtropfen lassen, Wasserstandsanzeiger wieder einstecken, alles in den Übertopf stellen und neues Wasser mit dosierter Nährlösung oder einer neuen Düngebatterie einfüllen.

Dünger richtig anwenden

Düngerform	Anwendung	Wirkung
Flüssigdünger	ins Gießwasser geben	schnell
Pulver, Kristalle	im Gießwasser auflösen	schnell
Brausetabletten	im Gießwasser auflösen	schnell
Stäbchen, Kegel	ins Substrat stecken	Langzeitdünger. Nährstoffe werden über 4–6 Monate abgegeben
Schwerlösliche Granulate	beim Einpflanzen dem Substrat beimischen	Langzeitdünger. Nährstoffe werden über 4–6 Monate abgegeben
Blattsprays	auf Blätter sprühen (nicht auf behaarte!)	schnell

Alternative Pflanzenstärkungsmittel

Diese aus Pflanzen gewonnenen Mittel gelten nicht als primäre Nährstoffquellen, sind aber reich an Spurenelementen, Vitaminen, Hormonen, Enzymen und anderen wuchsfördernden Substanzen. Sie pflegen und stärken die Pflanzen, fördern ihre Entwicklung und Widerstandskraft. Meeresalgen-Extrakte werden aus Braunalgen gewonnen und stark verdünnt wie Blattdünger auf die Blätter gespritzt. Setzen Sie dieses Mittel ein, wenn Ihre Zimmerpflanzen krank oder durch Pflegefehler geschwächt sind. Es stärkt auf breiter Basis ihre Widerstandskraft.

Schachtelhalm-Extrakte sind reich an naturreiner Kieselsäure und können verdünnt auf die Blätter gesprüht oder mit dem Gießwasser verabreicht werden. Behandlungen damit kräftigen die Pflanzenzellen und wirken vorbeugend gegen Pilzkrankheiten.

Baldrian-Extrakte sind ebenfalls als Gieß- oder Spritzmittel einsetzbar. Sie regen das Bodenleben an und sorgen für eine bessere Blütenbildung.

Kamillentee. 10 g getrocknete Kamillenblüten mit 1 Liter kochendem Wasser überbrühen. Kaltwerden lassen und abgießen. Tee 3fach verdünnt ausgießen. Er fördert die Widerstandskraft und das Wachstum der Pflanzen.

Wenn es unterirdisch in Topf
und Wurzelballen nicht stimmt,
können sich Pflanzen auch
oberirdisch nicht entfalten.
Umtopfen zur richtigen Zeit,
mit dem richtigen Substrat und
in den richtigen Topf garantiert
Zimmerpflanzen eine wohlige
Bleibe zum Fuß-Fassen.

Umtopfen

Selbst im Gefäß wachsen Wurzeln unaufhörlich weiter,
ständig auf der Suche nach neuen Nährstoffquellen.
Nur allzu schnell sind da Substrate ausgelaugt, ist der
Topf zu eng. Umtopfen schafft die Voraussetzung dafür,
daß Ihre Pflanzen sich prächtig entwickeln.

Umtopfen

Umtopfen muß sein!

»Wieso?«, fragt sich so mancher Hobbygärtner. »Reicht es denn nicht, wenn die Wurzeln irgendwo einen Halt haben und durch Düngen ernährt werden?« Nach diesem System lassen sich Pflanzen tatsächlich pflegen. Hydrokultur und die Kultur in Pflanzgranulaten (→ Seite 54/55) funktionieren auf diese Weise. Aber auch dabei bleibt keinem das Umtopfen erspart. Hier ein kleiner Einblick, weshalb dies so ist, und was sich unterirdisch bei Pflanzen tut.

Umtopfen, damit die Pflanze wächst. Jede Pflanze am Natur-Standort – egal ob Zwergmoos oder Baum – befindet sich mit sich selbst in Wachstumsbalance. Das heißt: Ihr Wurzelsystem ist genau so weit ausgebildet, daß es den oberirdischen Teil der Pflanze optimal versorgen kann. Es herrscht also Gleichgewicht zwischen oben und unten.

In Gefäßkultur können Pflanzen ihre Wurzeln nicht so frei entwickeln, wie es eigentlich ihrem genetischen Wuchsprogramm entspricht. Zu wenig Platz, zu wenig Erde mit Nährstoffen, all das hält ihr Wurzelsystem begrenzt. Weniger Wurzeln können aber auch nur weniger Pflanze versorgen, und deshalb wächst der oberirdische Teil der Pflanze in Gefäßen nur gebremst.

Umtopf-Regel 1. Wer also möchte, daß seine Zimmerpflanzen an Größe und Umfang prächtig zulegen, sollte sie jährlich umtopfen und ihnen dabei stets einen größeren Topf und neues Substrat bewilligen (→ Seite 50/51).

Wann umtopfen?

Hinweise dazu kann Ihnen ein Blick auf die Pflanze selbst, ihr Substrat oder ihren Topf geben.

1 Wenn die jungen Blätter des Neuaustriebs klein bleiben.

2 Wenn die Pflanze nicht mehr richtig wachsen oder blühen will.

3 Wenn der ausgetopfte Wurzelballen sichtbar alle Erde »verspeist« hat, nur noch Wurzeln zu sehen sind.

4 Wenn die Wurzeln aus dem Wasserabzugsloch des Topfes herauswachsen.

5 Wenn Wurzelspitzen aus der Substratoberfläche herauslugen.

6 Wenn Wurzeln krank oder abgestorben – schwärzlich, schwammig oder übelriechend – sind.

7 Wenn bei der ausgetopften Pflanze die Wurzeln außen dick verfilzt sind oder am Topfboden im Kreis wachsen, weil sie Platz suchen.

8 Wenn sich an Tontöpfen weißliche Ablagerungen bilden.

9 Wenn sich Tontöpfe mit einem grünlichen Algenbelag überziehen oder wenn auf dem Substrat Moos wächst. Beides deutet auf Staunässe und ein verdichtetes Substrat oder auf Übergießen hin.

10 Wenn die Pflanze längere Zeit in Stauwasser stand.

Mein Tip: Der ideale Umtopftermin ist immer zu Beginn der Wachstumsperiode. Für die meisten Pflanzen ist dies Anfang März. Diese Vegetationsperiode kündigt sich an, wenn die Pflanze neue Triebe zu bilden beginnt. Nie während der Blüte- und Ruhezeit umtopfen!

Umtopf-Regel 2. Hat sich die Pflanze größtmöglich bei Ihnen ausgebreitet und soll nicht mehr wachsen, dann topfen Sie sie nur alle 2 bis 3 Jahre um, indem Sie das Substrat erneuern, aber die Topfgröße beibehalten.

Mein Tip: Einige Pflanzen blühen zuverlässiger bei beengtem Wurzelraum. Zum Beispiel Amaryllis (*Hippeastrum*-Hybriden) und Klivie (*Clivia miniata*).

Umtopfen, damit die Nährstoffaufnahme klappt. Pflanzen nehmen durch ihre Wurzeln nicht nur Wasser und Nährstoffe auf, sie scheiden auch Stoffwechselprodukte aus, die ihr Wachstum beeinträchtigen. Diese werden in der freien Natur zum Teil von den Mikroorganismen im Boden aufgenommen, die sie weiterverwerten und damit abbauen. Im Blumentopf funktioniert dies nur sehr beschränkt, die Pflanzen-Ausscheidungen sammeln sich mit der Zeit im engen Topfraum an.

Hinzukommt, daß mit dem Gießen und Düngen der Pflanze nicht nur pflanzenfreundliche Stoffe zugeführt werden. Pflanzenschädliche Stoffe im Gießwasser oder Salze, an die die mineralischen Nährstoffe gebunden sind, lagern sich nach und nach im Substrat ab. Sie bewirken, daß es kalkhaltiger wird und versalzt, so daß die Pflanze die Nährstoffe nicht mehr richtig aufnehmen kann und in Wachstum und Widerstandskraft geschwächt wird.

Umtopf-Regel 3. Durch die Gefäßkultur wird das Substrat verbraucht und muß deshalb mindestens alle 2 bis 3 Jahre erneuert werden.

Grundwissen: Erde

Keine Frage: In der freien Natur wachsen und gedeihen Pflanzen in der Erde und sind in die großen Naturkreisläufe des Werdens und Vergehens eingebunden. So wie sie dem Boden Nährstoffe und Wasser entziehen, beliefern sie ihn auch wieder mit ihren Abfallprodukten oder gehen beim Verrotten als neue Nahrungsgrundlage für weiteres Leben in ihn ein.

Bei Zimmerpflanzen sind diese Regelkreisläufe unterbrochen. Diese Pflanzen entziehen ihrem Substrat einseitig und fortwährend Nährstoffe und Wasser. Für Nachschub muß der Zimmergärtner sorgen.

Problem Gartenerde. Nehmen Sie nie ausschließlich Gartenerde für Ihre Zimmerpflanzen. Jeder Boden ist anders und deshalb kann diese Erde für die Topfkultur zu leicht oder zu schwer, zu reich oder zu arm an Nährstoffen sein. Gartenerde enthält oft auch Unkrautsamen oder Krankheitskeime. Gartenerde kann höchstens Bestandteil einer Erdmischung sein.

Mein Tip: Gartenerde immer gesiebt verwenden, im Backofen bei 200 °C 30 Minuten lang sterilisieren.

Komposterde sollte ebenso nur eine Komponente für Erdmischungen sein, reiner Kompost ist zu nährstoffreich. Gartenerde und Kompost also nie pur für Zimmerpflanzen nehmen, höchstens gut gesiebt als Zusatz zu Substrat-Mischungen verwenden (→ Tabelle). Auf keinen Fall halbreifen Kompost benutzen. Er muß reif, also vollständig vererdet sein.

Das richtige Substrat zum Erfolg

Pflanzengruppen	Empfehlenswerte Fertig-Substrate	Rezepte zum Selbstmischen
Die meisten Zimmerpflanzen, auch • Blattkakteen • Farne • Bromelien • Palmen • Kamelien	• Einheitserde ED 73 • Rindenkultursubstrate • Torffreie und torfarme Substrate (→ Seite 52 unten)	2 Teile Gartenerde; 1 Teil reifer Kompost, Lauberde oder Rindenhumus; 1 Teil feiner Blähton, Bimssand oder Grolith; etwas Hornmehl und Urgesteinsmehl
Kakteen, Sukkulenten	Kakteenerde	3 Teile Bimskies; 1 Teil Quarzsand, Lavagrus oder Lavalit; 1 Teil reifer Kompost, Lauberde oder Rindenhumus
Azaleen, Hortensien, Kamelien, Erika	Azaleen- oder Rhododendron-Erde	1 Teil reifer Kompost, Lauberde oder Rindenhumus; 1 Teil Gartenerde; 2 Teile Hygromull oder Holzfasern
Orchideen sowie epiphytisch aufgebundene Bromelien und Farne	Orchideensubstrate	1 Teil Korkschrot; 1 Teil Kiefernrinde; 1 Teil Styroporflocken; 1/2 Teil reifer Kompost; 1/2 Teil Holzkohle; 2 g kohlensaurer Kalk pro Liter Substrat
Palmen, Palmfarne	Palmen-Erde oder Einheitserde (→ oben)	1 Teil reifer Kompost; 1 Teil Hygromull oder Holzfasern; 1 Teil Sand; 1/2 Teil Styroporflocken; 1/2 Teil Lehm

Blähton ist ein ideales, pflegeleichtes Substrat für Pflanzen im Büro, denn man muß nur in größeren Abständen gießen und düngen.

Was ist ein Substrat?

Aus dem Lateinischen übersetzt bedeutet *substratum* soviel wie Nährboden oder Unterlage. Substrate sind immer ein Gemisch aus unterschiedlichen Stoffen – ja, sie können sogar keinerlei Erde enthalten. Sie lassen sich selbst herstellen oder sind fertig verpackt zu kaufen.

Wichtig: Es gibt Fertigmischungen von sehr unterschiedlicher Qualität und in sehr unterschiedlichen Preislagen. Sparen Sie nicht am Substrat! Nehmen Sie für Zimmerpflanzen nur hochwertige Fertigerden.

Substrate versuchen den Pflanzen unter den besonderen Bedingungen der Topfkultur die bestmögliche Lebensgrundlage zu geben. Dazu bedarf es ganz bestimmter Eigenschaften. Das ideale Substrat sollte sein:

Locker und luftdurchlässig, damit die Wurzeln atmen und sich entfalten können, aber auch, damit keine Staunässe entsteht, die den Sauerstoff aus dem Substrat treibt. Dies läßt die Wurzeln faulen.

Wasserspeichernd, damit das Substrat nicht zu schnell austrocknet, denn Wasser ist für die Pflanze nötig, um Nährstoffe aufnehmen und transportieren zu können.

Strukturstabil bedeutet, daß das Substrat nicht zu schnell verrottet, damit es lange locker bleibt und nicht verdichtet oder zusammensackt. Es soll ferner den Wurzeln guten Halt geben. Schnell verrottende Stoffe haben auch den Nachteil, daß sie bei diesem Prozeß zusätzlich Nährstoffe freisetzen. Strukturstabile Substrate hingegen garantieren eine gleichmäßige Nährstoff-Verteilung und -Abgabe.

Nährstoffspeichernd, das heißt: Die Nährstoffe sollen im Substrat gebunden bleiben, damit sie der Pflanze zur Verfügung stehen, wenn sie sie braucht. In Sand zum Beispiel werden Nährstoffe nicht gehalten und rinnen mit dem Gießwasser durch.

Unkraut- und krankheitsfrei, denn die Zimmerpflanze soll ja konkurrenzfrei und gesund bleiben.

Leicht sauer im pH-Bereich von 5 bis 6,5. Der Säuregrad ($\rightarrow$ pH-Werte, Seite 28) ist eine der wichtigsten Eigenschaften von Substraten, denn von ihm hängt die Tätigkeit der Mikroorganismen in der Erde ab, und vor allem auch ob und wie Pflanzen die Nährstoffe aufnehmen können. Letztendlich bestimmt der pH-Wert des Substrats also das Wachstum der Zimmerpflanzen.

Die wichtigsten Bestandteile guter Substrate

• Torf oder Torfersatzstoffe können Wasser und Luft binden, sind nährstoffarm und strukturstabil. Sie halten Substrate lange locker.
• Ton speichert Nährstoffe und Wasser besonders gut und gibt sie wohldosiert an Pflanzen ab. Darüber hinaus werden seine mineralischen Bestandteile nur langsam abgebaut. Er ist also strukturstabil.
• Sand macht Substrate wasserdurchlässig und verhindert Staunässe.
• Styromull, Hygromull und ähnliche künstlich hergestellte Stoffe sind strukturstabil und halten die Pflanzmischung luftig.
• Blähton und Tongranulate sind strukturstabil und nährstoffarm. Sie können Wasser und Luft gut speichern sowie bei Bedarf abgeben.

Geeignete Substrate

Wer will, kann sich seine Zimmerpflanzen-Erde selbst mischen ($\rightarrow$ Tabelle, Seite 47). Der Aufwand lohnt sich besonders für Gartenbesitzer, die meist sowieso Garten- oder Komposterde zur Hand haben. Die Mehrzahl der Zimmerpflanzen kommt mit guten Einheitssubstraten zurecht. Daneben gibt es jedoch auch kleine Gruppen mit Sonderwünschen.

Einheitserde ED 73 ist für die meisten Blüten- und Grünpflanzen im Zimmer sehr gut geeignet. Es ist eine Universalerde, die zu 60–80% aus Weißtorf, zu 40–20% aus Ton besteht und mit schnell- und langsamwirkenden Düngern und Spurenelementen ausgestattet ist.

Blumenerde ist ein durch Normen nicht geschützter Begriff. Dahinter können sich Substrate sehr unterschiedlicher Qualität verbergen.

Torfkultursubstrate (TKS) bestehen überwiegend aus aufgekalktem Weißtorf und Nährstoffen. Für krautige Pflanzen sind sie brauchbar, sollten aber – um den Raubbau der Moore einzudämmen – nicht bevorzugt werden.

Spezialerden für Kakteen und Sukkulenten sind wasserdurchlässig sowie arm an Stickstoff und organischen Stoffen. Wichtig: Die Blattkakteen sollten in den üblichen Blumenerden gezogen werden.

Rhododendron- oder Azaleen-Erde besitzt einen sehr niederen pH-Wert von 4,5 bis 5,5 und ist extrem torfhaltig.

Orchideen-Substrate sollen nährstoffarm sowie wasser- und luftdurchlässig sein. Sie bestehen aus grobem Fasertorf, Rinden, Styroporflocken, Holzkohle und mineralischen Stoffen wie Bimskies, Lava oder Perlite. Ihr pH-Wert liegt bei 5 bis 6.

Epiphyten-Pflanzstoffe werden aus gehacktem Sumpfmoos, Osmunda-Farnwurzeln und grobem Fasertorf hergestellt. Sie können für Epiphyten jedoch auch Orchideen-Substrate nehmen.

Tongranulate sind Tonbröckchen unterschiedlicher Größe, die wasserspeichernd, luftdurchlässig und strukturstabil sind. Ihre Aufgabe ist vor allem, den Pflanzenwurzeln Halt geben.

Blähtonkugeln sind speziell für Hydrokultur ($\rightarrow$ Seite 54/55) geschaffen.

Mein Tip: Nehmen Sie zum Umtopfen von Zimmerpflanzen keine Aussaat- oder Pikiererde, also keine TKS 1 oder Einheitserde vom Typ P. All diese Erden sind nicht oder nur schwach gedüngt und nur für Aussaat oder Vermehrung bestimmt.

Die 10 goldenen Umtopf-Regeln

1 Pflanzen weder zur Blüte- noch während der Ruhezeit umtopfen.

2 Pflanzen nie mit trockenem Wurzelballen umtopfen, zuvor immer leicht angießen.

3 Verletzte und kranke (schwärzliche oder schwammige) Wurzeln abschneiden.

4 Alte Erde von der Substratoberfläche abbröckeln, seitlich und unten behutsam entfernen.

5 Feinwurzeln nicht verletzen!

6 Feinwurzeln, die sich zu einer verfilzten Wurzelmatte verdichtet haben, jedoch abschneiden.

7 Verletzte dickfleischige Wurzeln mit Holzkohlepulver bestäuben, damit keine Krankheitskeime eindringen können.

8 Nur gründlich gereinigte Gefäße (Tontöpfe gewässert!) nehmen.

2 So topft man kleine Pflanzen aus.

a Pflanze 2 Stunden zuvor gut angießen. So lösen sich die Wurzeln besser vom Topf.
b Handfläche auf Topferde legen und Pflanze zwischen 2 Fingern halten.
c Handfläche mit Pflanze umdrehen, Topfrand gegen Tischkante schlagen, damit sich der Wurzelballen im Gefäß lockert.

1 Optimal eingetopft.
Die Tonscherbe über dem Abzugsloch und die Drainageschicht aus Blähton sorgen für die richtige Feuchtigkeit im Topf.

9 Nach dem Umtopfen Pflanze gründlich angießen.

10 Frühestens 6 bis 8 Wochen nach dem Umtopfen mit dem Düngen beginnen.

Kleine Pflanzen austopfen

• Die Zimmerpflanze zwei Stunden zuvor leicht angießen, so daß der Wurzelballen durchfeuchtet ist. (→ Zeichnung 2a).

• Die Handfläche so auf die Substratoberfläche legen, daß sich die Pflanze zwischen 2 Fingern befindet (→ Zeichnung 2b).

• Hand mit Pflanze und Topf umdrehen und Gefäßkante vorsichtig gegen eine Tischkante schlagen, so daß sich der Wurzelballen löst (→ Zeichnung 2c).

• Topf nicht mit Gewalt entfernen, es könnten zu viele Wurzeln abreißen. Sitzt der Wurzelballen sehr fest im Topf, besser Tontöpfe vorsichtig mit einem Hammer zerschlagen (→ Zeichnung 4a). Plastiktöpfe müssen mit einer Haushaltsschere zerschnitten werden.

Große Pflanzen austopfen

• Einige Stunden vor dem Austopfen Pflanze gut angießen (→ Zeichnung 3a).

• Mit einem langen Messer Wurzeln von den Gefäßwänden lösen (→ Zeichnung 3b).

• Topf auf die Seite legen und die Pflanze behutsam aus dem Gefäß ziehen. Sitzen die Wurzeln noch im unteren Teil des Topfes fest, mit einem Holzstück auf das Gefäß klopfen und dabei drehen. Pflanze mit der anderen Hand halten (→ Zeichnung 3c).

Richtig eintopfen

Gefäß vorbereiten. Nehmen Sie zum Einpflanzen nur gründlich gereinigte Gefäße. Der neue Topf sollte etwa 3 bis 4 cm größer sein als der alte. Tontöpfe müssen vor dem Einpflanzen 1 bis 2 Stunden ganz im Wasser liegen, damit sie vollgesaugt sind und später dem Substrat keine Feuchtigkeit entziehen. An alten Tontöpfen lassen sich Kalkausblühungen mit Essigwasser entfernen. Alternative: Topf 3 Tage lang in Torfwasser einweichen, es löst die Salze.

Wurzelschnitt – ja oder nein? Die äußeren Feinwurzeln sind für die Wasser- und Nährstoffzufuhr der Pflanze verantwortlich. Sie sollten deshalb nur in Notfällen geschnitten werden. Dies ist der Fall,

• wenn sie sich zu einem dichten Wurzelfilz entwickelt haben. Diesen Filz knapp am Wurzelballen entlang mit der Schere abschneiden.

• wenn Wurzeln schwärzlich oder glasig aussehen und unangenehm riechen; meist sind sie dann verfault. All diese Wurzeln müssen Sie entfernen. Schneiden Sie aber nicht die hellen, beigen, gesunden Wurzeln ab. **Mein Tip:** Ging der Wurzelschnitt bis in dicke Wurzelteile hinein, sollten Sie diese mit Holzkohlepulver bestäuben, damit keine Krankheitskeime einwandern können.

<u>Alte Erde entfernen.</u> Algen, Moos und altes Substrat abbröckeln. Auch seitlich und unten die alte Erde vorsichtig mit einem Stäbchen entfernen, ohne die Feinwurzeln zu verletzen.
<u>Einpflanzen.</u> Das Wasserabzugsloch im Topf mit einer Tonscherbe abdecken, in großen Gefäßen zuunterst

3 So topft man große Pflanzen aus.
a Pflanze etwa 1 Stunde zuvor gut angießen.
b Mit einem stabilen Messer Wurzeln von den Topfwänden lösen.
c Mit Holzklötzchen auf Topf schlagen und so letzte Wurzelverankerungen lockern.

Blähton, Tongranulat oder Kies 3 bis 5 cm hoch als Drainage einfüllen. Neues Substrat dazugeben, so daß die Pflanze wieder auf gleicher Höhe steht wie zuvor (→ Zeichnung 4b). Erde auffüllen und leicht andrücken, aber einen Gießrand von 2 cm Höhe lassen (→ Zeichnung 4c).
<u>Pflege danach.</u> Pflanze hell und fußwarm plazieren – auf keinen Fall in die volle Sonne! Topf in Untersetzer oder Übertopf stellen und die Pflanze gut angießen. Nach etwa 1/2 Stunde Restwasser wegschütten. Frühestens nach 6 bis 8 Wochen mit dem Düngen beginnen.

4 Eintopfen
leicht gemacht.

Umtopfen – ohne den Topf zu vergrößern

Was tun, wenn Zimmerpflanzen bereits stattlich herangewachsen sind und Sie ihnen keinen größeren Topf mehr geben können? Trotzdem umtopfen – es gibt zwei Möglichkeiten!
<u>Die oberste Erdschicht erneuern.</u> Dazu mit einem Stäbchen oder Löffel die oberste Substratschicht im Topf entfernen, ohne die Wurzeln zu beschädigen. Neues Substrat auffüllen und angießen.
<u>Den Wurzelballen verkleinern.</u> Dazu die Pflanze austopfen und den Wurzelballen rundum seitlich leicht beschneiden, so daß er kleiner wird. Nun können Sie die Pflanze mit neuem Substrat wieder in den gleichen – aber inzwischen gereinigten – Topf setzen.
Vorsicht: Diese Methode vertragen nicht alle Pflanzen gleich gut. Wenn Sie das Risiko, die Pflanze zu verlieren, nicht eingehen möchten, empfiehlt es sich eher die Pflanze durch Ableger oder Abmoosen zu vermehren und eine neue heranzuziehen.

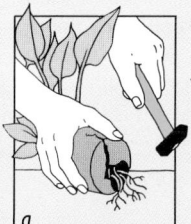 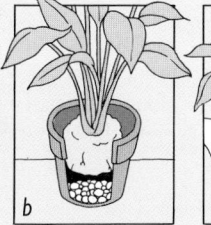 

a Bei festsitzenden Wurzeln notfalls Tontopf mit dem Hammer zerschlagen.
b Auf Tonscherbe und Drainageschicht Substrat füllen und die Pflanze in gleicher Höhe wie zuvor einsetzen.
c Rundum Erde einfüllen und leicht andrücken. 2 cm Gießrand belassen.

Umtopfen

Torf – nein Danke!

Auch mit der Wahl der Blumenerde können Sie einen Beitrag zum Naturschutz leisten. Achten Sie beim Kauf auf die Zusammensetzung des Substrats. Sie sollte deutlich sichtbar auf der Verpackung stehen. Noch immer werden viele Blumenerden angeboten, bei denen diese Kennzeichnung fehlt. Wählen Sie also Substrate,

• die genaue Angaben über die Bestandteile der Erde machen;

• die möglichst torffrei oder torfarm sind. Immer mehr Hersteller gehen dazu über, solche Pflanzmischungen anzubieten. Bei diesen Substraten wird Torf durch andere Stoffe ersetzt, wie zum Beispiel Rindenhumus, Grünkompost, Hydro-Mull und vor allem Holzfasern, deren Eigenschaften Torf sehr ähnlich sind. Diese Blumenerden sind mit einem schnellwirkenden Startdünger versehen. Die Wirkung der Langzeitdünger übernehmen die im Kompost enthaltenen organischen Nährstoffe oder zugegebene Depotdünger.

Hier eine Auswahl dieser im Fachhandel erhältlichen Produkte, die für Zimmerpflanzen gut geeignet sind:

Torffrei sind Terrasan Blumenerde und ReNatur Topf-Erde.

Torfarm (bis 40 % Torfanteil) sind Ewedra Blumenerde, Florabella Kompost-Erde, Floragard Blumenerde, Frux Bio-Kulturerde und Lagerland Perfekta Hum Universalerde, Capriflor Rinden-Blumenerde, Lignostrat U, Corthum-Rindenkultursubstrat.

Pflanzgefäße

Für Zimmerpflanzen gibt es Gefäße in unterschiedlicher Form, Größe und aus verschiedenen Materialien.

Standardtöpfe besitzen unten ein Abzugsloch (oder mehrere) für überschüssiges Wasser. Ihre Größe wird am oberen Rand gemessen. Dieser Durchmesser entspricht auch der Höhe des Topfes.

Flachtöpfe (Azaleentöpfe) sind breiter als hoch und für flachwurzelnde Pflanzen geschaffen.

Schmale, hohe Töpfe (Palmentöpfe) werden im Sortiment für Pflanzen geführt, die ihre Wurzeln vorzugsweise nach unten ausbreiten.

Schalen und Pflanzwannen geben Ihnen die Möglichkeit Pflanzen zu kombinieren und mit ihnen zu gestalten. Dabei ist zweierlei zu beachten:

• Je größer das Gefäß, desto wichtiger ist eine Drainageschicht von mindestens 5 cm, damit die Wurzeln nach kräftigem Gießen nicht von Staunässe umgeben sind.

• Pflanzen Sie nur Arten zusammen, die gleiche Ansprüche an Wasser, Substrat, Nährstoffe, Licht, und Temperatur stellen. Wem dies gelingt, der wird sehr schnell einen positiven Nebeneffekt bemerken: Die Pflanzen gedeihen in Gruppen viel besser als einzelstehend.

Hängegefäße und Ampeln bieten Raum für weitere Pflanzen, wenn sonst im Zimmer kein Platz mehr ist. Diese Gefäße sind unten geschlossen, damit kein Gießwasser austreten kann. Wichtig: Die Hängepflanze nur mit einer dicken Drainageschicht direkt hineinsetzen oder in einen Extra-Pflanztopf geben, so daß das Ampelgefäß der Übertopf ist. Auch in diesem Fall, den Boden des Hängegefäßes 5 cm hoch mit Blähton bedecken, denn beim Gießen sind Ampeln nicht gut einsichtig und schnell übergossen.

Lattenkörbchen vermitteln Epiphyten Heimatgefühle. Gut gedeihen darin Orchideen mit hängenden Blüten oder andere Epiphyten, wie Farne oder Bromelien. Der Vorteil: Substrat und Wurzeln sind rundum von Luft umgeben. Der Nachteil: Gießen erfordert sehr viel Fingerspitzengefühl, denn das Wasser läuft sofort hindurch. Am besten Pflanzen in diesen Gefäßen tauchen (→ Seite 30).

Geschlossene Terrarien, Vitrinen oder Flaschen bieten den darin kultivierten Pflanzengesellschaften ein ideales Wuchsklima und machen sie unabhängig von trockener Zimmerluft. Das aufgesogene Wasser wird von den Blättern verdunstet, kondensiert an den Glaswänden und rinnt wieder zum Boden zurück. Man muß kaum gießen. Pflanzenheime dieser Art sind ideal für Büros. Sie sind sauber, attraktiv und stellen kaum Ansprüche an die Pflege.

Mein Tip: Tontöpfe erfordern größere Pflege als Kunststofftöpfe.

• Neue Tontöpfe vor dem Gebrauch längere Zeit wässern, damit sie sich vollsaugen und dem Substrat keine Feuchtigkeit entziehen.

• Gebrauchte Tontöpfe vor dem Einpflanzen gründlich reinigen, um Kalkablagerungen, Algen und Krankheitskeime zu entfernen. Kalk läßt sich gut mit Essigwasser beseitigen. Anschließend gut ausspülen und wässern.

Farne im Aquarium - eine hübsche Gestaltungsidee, die den Pflanzen die nötige Luftfeuchtigkeit bietet.

 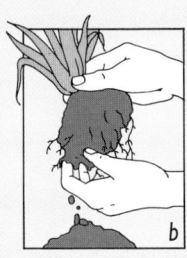 

1 Umstellung von Erd- auf Hydrokultur.

a *Pflanze angießen und behutsam austopfen.*
b *Die lockere Erde vorsichtig mit den Händen abbröckeln.*
c *Wurzeln solange mit lauwarmem Wasser abspülen, bis alle Erdreste entfernt sind.*

Tongranulat statt Erde

Tongranulate werden durch unterschiedliche Verfahren für die reine Hydrokultur sowie für kombinierte Erd-Granulat-Kulturen hergestellt.

Blähtonkugeln erhalten Sie im Fachhandel in verschiedenen Größen. Sie sind das gebräuchlichste Granulat für Hydrokultur, bei der Pflanzen mit nackten Wurzeln in Blähton und Nährlösung gezogen werden.

Alternative Pflanzgranulate ermöglichen eine kombinierte Pflege von Erd- und Granulat-Kultur. Dabei topft man die Pflanze aus der Erdkultur aus und setzt ihren Wurzelballen einfach in das neue Tongranulat ein.

Vorteile der Tongranulate:
• Sie werden nur selten von Bodenschädlingen und Krankheitskeimen befallen, weil sie ihnen kein geeignetes Milieu bieten.
• Da ihr pH-Wert zwischen 6 und 6,5 liegt, sind sie besonders pflanzenfreundlich.
• Sie sind luftig, verdichten das Substrat nicht, weil sie nicht verrotten.
• Sie versorgen die Pflanzen optimal mit Sauerstoff, Wasser und Nährstoffen.

• Gießfehler sind fast ausgeschlossen, denn bei Hydrokultur zeigen Wasserstandsanzeiger, bei anderen Pflanzgranulaten Feuchtigkeitsmesser, wann Sie nachgießen müssen.
• So kultivierte Pflanzen sind für Büros sehr empfehlenswert. Da der Wasservorrat meist 1 bis 2 Wochen ausreicht, muß weniger oft gegossen werden. Ähnlich verhält es sich mit dem Düngen: hier sorgen spezielle Langzeitdünger dafür, daß Sie bei Hydrokultur nur alle 4 bis 6 Monate, bei Verwendung der anderen Pflanzgranulate nur alle 2 Monate nachdüngen müssen.

Was Sie vor der Umstellung auf Hydrokultur wissen sollten

Eine Umstellung von Erd- auf Hydrokultur ist möglich – aber nicht mit jeder Pflanze und immer ein Risiko. Bevor Sie einen Versuch unternehmen, sollten Sie wissen, daß diese Umstellung für jede Pflanze einen Schock bedeutet, denn sie wird urplötzlich gezwungen, ihre Wurzeltätigkeit und den gesamten Ernährungshaushalt an die Hydrokultur anzupassen.

• Kränkelnde, schwache Pflanzen haben kaum Überlebenschancen.
• Auch ältere Pflanzen überstehen die Umstellung selten.
• Nicht jede Pflanze ist für Hydrokultur geeignet (→ Tabellen, Seite 10/11 und 14/15). Grünpflanzen gedeihen besser als Blütenpflanzen.
• Nur schlecht lassen sich Pflanzen mit feinen Wurzeln umstellen.
• Erfolgsaussichten haben Sie mit jüngeren Pflanzen, die kräftige, dicke Wurzeln besitzen, wie Flamingoblume (*Anthurium*), Grünlilie (*Chlorophytum*), Wachsblume (*Hoya*) oder Strahlenaralie (*Schefflera*).

2 Einsetzen in alternatives Tongranulat. Substrat gut durchspülen und Wasser aufsaugen lassen. Pflanzen mit Wurzelballen und Erde in das neue Substrat – kaum tiefer als zuvor – setzen. Feuchtigkeitsfühler in den Wurzelballen stecken.

Umstellung von Erd- auf Hydrokultur

Wichtige Hydro-Utensilien:
- Kulturtopf
- Wasserstandsanzeiger
- Hydro-Übergefäß
- Blähton, vor Gebrauch gründlich durchspülen und vollsaugen lassen.

Pflanze angießen und behutsam austopfen (→ Zeichnung 1a). Die Wurzeln nicht verletzen, notfalls den Topf zerschlagen oder zerschneiden.

Lockere Erde vorsichtig entfernen (→ Zeichnung 1b). Sie können dabei den Wurzelballen sacht auseinanderziehen, um möglichst viel Substrat zu lösen.

Restliche Erde abspülen (→ Zeichnung 1c) mit temperiertem, weich fließendem Wasser. Eventuell die Wurzeln über Nacht einweichen. Die Erde muß vollständig von den Wurzeln entfernt werden, sonst beginnen sie bei Hydrokultur zu faulen.

Wurzeln beschneiden, aber nur geknickte, kranke oder verfaulte Teile.

Blähton in Kulturtopf einfüllen. Wichtig: Das Granulat vorher gründlich durchspülen und vollsaugen lassen. Der Kulturtopf kann beliebig groß sein. Zuunterst eine 3 bis 5 cm hohe Blähton-Schicht einbringen.

Pflanze in den Kulturtopf hineinhalten, so daß sie nicht tiefer steht als zuvor. Wurzeln ausbreiten und Blähton sanft hineingleiten lassen.

Kulturtopf etwas schütteln, damit sich der Blähton gut verteilt. Auf keinen Fall das Tongranulat andrücken.

Wasserstandsanzeiger hineinstecken und Pflanze in den Übertopf stellen.

Klares, handwarmes Wasser eingießen, aber nur soviel, daß die Wurzeln nicht im Wasser stehen.

Wichtig: Über die Pflanze eine durchsichtige Plastikhaube stülpen und gut verschließen. So wird die Luftfeuchtigkeit hoch gehalten. Beschlägt die Tüte, sollten Sie täglich etwa 15 Minuten lüften. Der Standort muß hell (aber nicht sonnig) und fußwarm sein. Günstig sind unterlegte Wärmematten. Sobald die Pflanze neu austreibt, können Sie die Haube entfernen und niedrig dosiert (Spezial-Nährlösung) zu düngen beginnen.

Umtopfen bei Hydrokultur

Pflanzen in Hydrokultur entwickeln sehr schnell ein dichtes Wurzelwerk. Wer sie in große Kulturtöpfe setzt, muß nicht jedes Jahr umtopfen. Es ist dann soweit, wenn die Wurzeln den Kulturtopf ganz ausfüllen.
- Pflanze aus dem Kulturgefäß nehmen und Blähton behutsam entfernen (→ Zeichnung 3a).
- Neuen Kulturtopf reinigen, frisches Pflanzgranulat gründlich durchspülen und sich vollsaugen lassen.
- 3 bis 5 cm hoch Blähton einfüllen und Pflanze so tief wie zuvor einsetzen (→ Zeichnung 3b).
- Granulat vorsichtig um die Pflanze herum verteilen, dabei den Topf aufstoßen, damit es sich besser verteilt (→ Zeichnung 3c).
- Wasserstandsanzeiger einstecken und Nährlösung auffüllen (→ Zeichnung 3d).

Umtopfen in alternative Tongranulate

Bei dieser Art der Kultur (→ Zeichnung 2) werden Pflanzen mit Wurzelballen und Erde einfach in das neue Ton-Substrat umgesetzt. Dies ist laut Hersteller-Angaben bei allen Zimmerpflanzen möglich. Beste Zeit fürs Umtopfen ist März bis September. So wird's gemacht:

Einen großen, geschlossenen Kulturtopf zu einem Drittel mit dem gut durchgespülten Granulat füllen. Die ausgetopfte Pflanze mit Erde und Wurzelballen einsetzen und ringsum weiteres Granulat auffüllen. Nun den Feuchtigkeitsfühler in den Wurzelbereich stecken und Gießwasser mit Spezial-Flüssigdünger einfüllen.

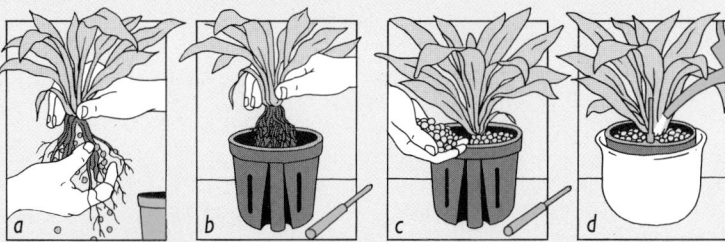

3 Umtopfen bei Hydrokultur.
a Pflanze aus dem Kulturtopf nehmen und alten Blähton von den Wurzeln entfernen.
b Neuen Blähton in neues Kulturgefäß etwa 3 bis 5 cm hoch einfüllen.
c Pflanze einsetzen und sanft rundum mit Blähton auffüllen.
d Wasserstandsanzeiger einstecken und Wasser, dem die geeignete Nährlösung beigemischt wurde (→ Seite 42), zugießen.

Blütenpracht am sommerlichen Südfenster

Was im Sommer am vollsonnigen Südfenster gedeiht, sind Sonnenanbeter, wie Kübelpflanzen, Wüstenkakteen und Sukkulenten (das sind Pflanzen, die in Stämmen oder fleischig-saftigen Blättern Wasser speichern können und deshalb pralle Sonne gut vertragen.)

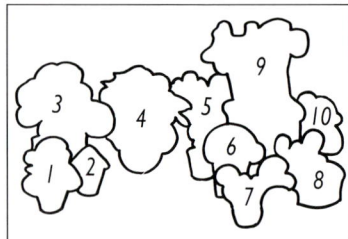

Die Pflanzen an diesem Südfenster von links nach rechts:
1 Flammendes Käthchen,
Kalanchoë blossfeldiana
2 Echeverie, Echeveria
3 Bougainville, Bougainvillea glabra
4 Blaue Passionsblume,
Passiflora caerulea
5 Dipladenie, Dipladenia-Hybride
6 Sonerila, Sonerila margaritacea
7 Flammendes Käthchen,
Kalanchoë blossfeldiana
8 Wüstenkakteen, Opuntia microdasys
(links), Echinocactus grusonii (vorne
rechts), Cereus jamacaru (hinten)
9 Zitrone, Citrus limon
10 Hibiskus, Hibiscus rosa-sinensis

Register

Register

Mit Blüh-Garantie. Die Drillinge von GU.

Immergrüne und prachtvoll blühende Pflanzen-Schönheiten verzaubern Wohnung, Balkon, Terrasse und Garten. Allerdings – Schönheit braucht natürlich Pflege! Mit den praktischen Ratgebern von GU wird das ersehnte Pflanzen-paradies Wirklichkeit – ganz leicht! Und dann »blühen« Ihnen die schönsten Stunden ... Das ganze Jahr hindurch.

Porträts und Pflegeanleitungen der beliebtesten Balkon- und Kübelpflanzen sowie Neuheiten und Raritäten. 240 Seiten, 350 Farbfotos, 150 Farbzeichnungen. **39,80 DM/298,- öS/39,80 sfr.**

Der Schlüssel zum Erfolg beim Zimmergärtnern: umfassendes und leicht verständliches Know-how rund um die Pflanzen-Liebhaberei! 240 Seiten, 350 Farbfotos, 140 Farbzeichnungen. **39,80 DM/298,- öS/39,80 sfr.**

Auch im kleinsten Garten ist Platz für ein Paradies! Dieser Ratgeber zeigt, wie jeder seine »Blütenträume« verwirklichen kann. 240 Seiten, 500 Farbfotos, 100 Zeichnungen. **48,- DM/375,- öS/49,40 sfr.**

Änderungen und Irrtum vorbehalten.

Mehr draus machen. Mit GU.

Register / Literatur

Weiterführende Literatur

Amberger-Ochsenbauer, Susanne: *Zimmerfarne.* Gräfe und Unzer Verlag, München

Becherer, Franz: *Kakteen.* Gräfe und Unzer Verlag, München

Bechtel, H.; Cribb, P.; Launert, E.: *Orchideen-atlas.* Eugen Ulmer Verlag, Stuttgart.

Eberts, Wolfgang: *Bambus.* Gräfe und Unzer Verlag, München

Encke, Fritz: *Kalt- und Warmhauspflanzen.* Eugen Ulmer Verlag, Stuttgart

Heitz, Halina: *Begonien.* Gräfe und Unzer Verlag, München

Heitz, Halina: *Blüten-pflanzen.* Gräfe und Unzer Verlag, München

Heitz, Halina: *Orchideen.* Gräfe und Unzer Verlag, München

Heitz, Halina: *Palmen.* Gräfe und Unzer Verlag

Heitz, Halina: *Zimmer-pflanzen. So grünen und blühen sie am schönsten.* Gräfe und Unzer Verlag, München

Herwig, Rob: *Pareys Zim-merpflanzen Enzyklopä-die.* BLV Verlagsgesell-schaft, München

Lötschert, Wilhelm: *Palmen.* Eugen Ulmer Verlag, Stuttgart.

Markmann, Erika: *Zimmer-pflanzen-Pflege.* Gräfe und Unzer Verlag, München

Rauh, Werner, Prof. Dr.: *Bromelien.* Eugen Ulmer Verlag, Stuttgart.

Rauh, Werner: *Die groß-
artige Welt der Sukku-
lenten.* Paul Parey Verlag,
Hamburg.
Rauh, Werner: *Kakteen an
ihren Standorten.* Paul
Parey Verlag, Hamburg.
Recht, Christine: *Grün-
pflanzen fürs Zimmer.*
Gräfe und Unzer Verlag,
München
Rücker, Karlheinz: *Die
Pflanzen im Haus.* Eugen
Ulmer Verlag, Stuttgart.
Stelzer, Gottfried: *Gesunde
Zimmerpflanzen.* Falken
Verlag, Niedernhausen.

Zeitschriften

FLORA.
Gruner + Jahr AG & Co,
Postfach 110011,
20444 Hamburg
Gartenpraxis.
Eugen Ulmer Verlag,
Wollgrasweg 41,
70599 Stuttgart
Kraut & Rüben.
BLV Verlagsgesellschaft mbH,
Lothstr. 29,
80797 München
mein schöner Garten.
Burda Verlag,
Hauptstr. 130,
77652 Offenburg

Danksagung

Autorin und Verlag danken
Frau Karin Greiner vom
Institut für botanisch-ökolo-
gische Beratung, München
für wertvolle Hinweise und
Durchsicht des Manuskripts.

Bezugsquellennachweis

Das Edelstahl-Gartenset auf
der Umschlagvorderseite
stammt von der Firma
Teak & Garden
Schmidt-Paris GmbH,
Gut Schönau,
21465 Reinbek-Ohe.

Die Fotografen:

Becherer: Seite 41;
Eisenbeiss: Seite 8 o.li.,
12 re., 13 o.li., 13 o.m.;
Henseler: Seite 20 o.li., 20
o.re., 21 o.re., 21 u., 64 o.li.,
64 o.re., 64 u.;
Photoplant: Seite 17;
Schäfer: Seite 21 o.m.li.,
21 o.m.re.;
Schneiders: U1, U2, 4/5,
9 re., 12 li., 24/25, 29, 32,
36/37, 44/45, 48, 56/57, U3,
U4;
Silvestris/Riedmiller:
Seite 13 o.re.;
Stork: Seite 1 o.m.li.,
1 o.m.re., 1 o.re., 1 u., 20 u.,
53, 64 o.m.;
Strauß: Seite 1 o.li., 8 o.m.,
8 o.re., 8 u., 9 li., 13 u.;
Zunke: Seite 21 o.li.

Die Deutsche Bibliothek –
CIP-Einheitsaufnahme
**Giessen, Düngen, Um-
topfen** : Erfolgs-Tips für
die Zimmerpflanzen-Pflege ;
die praktische Pflegeanlei-
tung für zuhause und fürs
Büro / Gisela Keil. – 1. Aufl.
– München :
(GU-Pflanzen-Ratgeber)
ISBN 3–7742–2086–7
NE: Keil, Gisela

1. Auflage 1993
© Gräfe und Unzer GmbH,
München

Redaktionsleitung:
Hans Scherz
Stellvertretende Redaktions-
leitung: Renate Weinberger
Lektorat: Christiane Gsänger,
Gerlinde Kirchgässer
Layout: Robert Gigler
Herstellung & Produktion:
BuchHaus.
Kraxenberger.Gigler.GmbH
Zeichnungen:
György Jankovics
Umschlaggestaltung:
Heinz Kraxenberger
Repro: Barthel Lithos
Druck, Bindung:
Druckerei Appl, Wemding

ISBN 3-7742-2086-7

Wichtige Hinweise

In diesem Buch geht es um
die Pflege von Zimmer-
pflanzen im Haus. Einige
der beschriebenen Pflanzen
sind mehr oder weniger giftig. Tödlich giftige Pflanzen,
aber auch minder giftige,
die bei geschwächten Er-
wachsenen oder Kindern
erhebliche gesundheitliche
Störungen hervorrufen
können, sind in den Pflege-
Tabellen (Seite 10/11 und
14/15) mit einem Toten-
kopf gekennzeichnet.
Achten Sie unbedingt dar-
auf, daß Kinder und Haus-
tiere die damit als gefähr-
lich bezeichneten Pflanzen
nicht essen.
Halten Sie sich beim Einsatz
von Pflanzenschutzmitteln
an die Gebrauchsanweisun-
gen auf der Verpackung

und an die Empfehlungen
auf Seite 23. Bewahren Sie
Pflanzenschutz- und Dünge-
mittel (auch organische wie
Hornspäne, Knochenmehl,
Algenkalk, Guano und
Gesteinsmehle) so auf, daß
sie für Kinder und Haustiere
unerreichbar sind. Ihr
Genuß kann zu gesundheit-
lichen Schäden führen.
Diese Mittel dürfen außerdem nicht in die Augen ge-
langen.
Kommt es beim Umgang mit
Erde zu offenen Verletzun-
gen, suchen Sie umgehend
einen Arzt auf und lassen
Sie sich fachkundig behan-
deln. Besprechen Sie mit
ihm, ob er eine Impfung
gegen Tetanus (Wundstarr-
krampf) für erforderlich
hält.

Pflegefehler gehen nicht spurlos an Zimmerpflanzen vorüber. Wer sofort Erste Hilfe leistet, kann seine Pflanzen meist wieder ins Lot bringen.

Sonnenbrand

Braune Flecken auf den Blättern

Unregelmäßige Flecken auf etwas gewellten Blättern deuten auf Verbrennungen hin. Die Pflanze sofort aus der vollen Sonne nehmen.

Mein Tip: Ein intensiver Sonnenbrand kann sich auch durch größere silbrige, klar umgrenzte Blattflecken kundtun.

Braune Blattspitzen und Blattränder

Dies sind deutliche Symptome für zu trockene Luft. Unbedingt die Luftfeuchtigkeit erhöhen. Dazu gibt's eine Reihe von Möglichkeiten (→ Seite 34/35).

Abfallende Blätter

Ein trauriger Anblick mit traurigem Hintergrund: Zu wenig Licht oder zu wenig Nährstoffe. Möglicherweise leidet die Pflanze auch an einem Wurzelschaden (zum Beispiel durch Staunässe) und kann ihre oberirdischen Teile nicht mehr versorgen. Dann die Pflanze austopfen, die verfaulten Wurzeln abschneiden und in neues Substrat setzen. Je nach Größe des Schadens hat die Pflanze damit vielleicht eine Überlebenschance.

Abfallende Blätter

Eisenmangel

Vergilbende Blätter mit grünen Adern

Dieses Symptom spricht eine deutliche Sprache. Die Pflanze leidet an Eisenmangel. Der läßt sich am schnellsten beheben mit einem eisenhaltigen Präparat, das über die Blätter gesprüht wird. Außerdem nur noch mit weichem Wasser gießen. Eisenmangel tritt immer auf, wenn das Gießwasser zu kalkhaltig ist. Dann wird Eisen gebunden und steht der Pflanze nicht mehr zur Verfügung.
Mein Tip: Ein ähnliches Schadbild entsteht bei Magnesiummangel. Dann ist allerdings das Umfeld der Adern auch noch grün.

Totale Trockenheit

Wenn Blätter und Triebe schlappen

Dann leidet die Pflanze an Trockenheit, und es ist höchste Zeit zu gießen. Meist ist der Wurzelballen so ausgetrocknet, daß er kein Wasser mehr hält. Was die Pflanze jetzt rettet, ist ein längeres Tauchbad (→ Seite 30).

Blätter, die sich einrollen

Diese Pflanze versucht ihre Verdunstung durch Einrollen der Blätter zu reduzieren. Die Ursachen können vielfältig sein. Zum Beispiel ein zu sonniger Stand, zu trockene Luft oder zu wenig Wasser. Falsche Haltungsbedingungen sofort ändern.